燃やせ海の子閖上魂

はじめに

写真の世界にやってきたデジタル化の波は、それまでの写真（画像）と紙（プリント）の蜜月を見過ごしてはくれませんでした。確かに写真はこれまで、あまりに紙との関係にこだわりすぎていたのかもしれません。その分、振り子の振り幅は大きく、また、人々がデジタルへとチェンジしていくスピードは想像をはるかに超える速さでした。その変化に追いつけなかった町の写真屋さんは軒並み店を閉め、そしてそのことが写真をプリントすることを人々からさらに遠ざけました。それはまるで、仲が良すぎたあまりついには引き裂かれてしまった織姫と彦星のようでした。

そして、そこに追い打ちをかけるようにやってきた東日本大震災の津波。

しかしその絶対的な猛威は、その二つを引き離したのではなく再び引き寄せたのだと、震災から3年以上が経ったいま僕は強く思っています。津波被害に遭われた方々は、暮らしのそばに当たり前のようにあるはずの「写真」から、自然災害という圧倒的なものによって、確かに一度引き離されてしまいました。けれどそのことで被災地のみなさんは、僕たちよりも強く、切実に写真の大切さについて知ったのだと思います。そういう意味で被災地のみなさんは、たまたま被災しなかった僕たちよりもずっとずっと先を歩いていると僕は感じています。写真をプリントすることや、アルバムとして残していくことの大切さに気づかれたみなさんから僕たちが学ぶことはあまりに大きく、そのことなしに写真の未来は描けないとすら思います。

これからお伝えする、２０１１年夏を中心とした出来事は、僕たちに大きな気づきを与えてくれました。あの夏、未来にもっとも近かったあの町で何が起こっていたのか、そのことを少しでも記録し、まさに一冊のアルバムのような気持ちで後世に残せたらと思い、本書を未来に贈ります。

藤本智士

アルバムつくってますか？

アルバムつくってますか？

そんな何気ないひと言とともに「アルバムエキスポ」というイベントを立ち上げたのは、2009年の11月のことでした。俳優、ミュージシャン、写真家、スポーツ選手など、著名人50名の方々にご協力いただき、本来不特定の方に見せるものではないはずの個人的な写真アルバムを展示。デジタル全盛の時代に、あらためてアナログな写真アルバムの良さについて気づいてもらおうと開催した展覧会イベントでした。

世の中はデジカメ一色。スマートフォンの代表とも言うべきiPhoneの登場が2007年ですから、すでに人々はモニターを通して見る写真の楽しさに夢中でした。そんななか、写真を紙にプリントすること、それをアルバムにして残していくことの大切さを伝えようと企画した「アルバムエキスポ」は、ある意味時代に逆行するように映ったかもしれません。世の中の多くの人たちは、いよいよやってきたペーパーレス時代に感謝こそすれ不満などなく、撮った写真をわざわざ紙にプリントするさしたる理由も見当たらないまま、アルバムづくりという文化がこのまますたれていくのは自然なことと思えました。

明らかに増えていくショット数（シャッターを押す数）に反して、みるみる減っていくプリント枚数。

この事実は写真業界が斜陽化していることの象徴のようにも見えましたが、それはまったくの間違いで、アルバムづくりも含めた写真文化全体が大きくチェンジしようとしている証だったのだと思います。フィルムカメラが真ん中にあった時代はすでに終わり、人々は、新しい写真の楽しみを手に入れました。しかしその一方で、何か大切なものをなくしてしまったような、そんな気分もどこかで共有していたように思います。そもそも僕がなぜ「アルバムエキスポ」などというイベントを開催しようと思ったのか、その理由については僕なりの切実な思いがありました。そのきっかけは2007年にさかのぼります。

プリントしていないことに気づく

知り合いの編集者に「最近みなさん、デジカメで写真撮ってますけど、アルバムってどうしてるんですかね？」と聞かれた僕は、世間一般に向けられたはずのその質問を、自分ごととして咀嚼してしまいました。当時、僕の娘は3歳でした。生まれてきてくれたことがとにかく嬉しくて仕方がなかった僕は、デジタル一眼レフカメラを購入し、さまざまな場面でシャッターを押していたのですが、そうやって溜まっていく娘の写真データをまったくプリントしていないことに気づきました。写真データをメモリーカードからパソコンのハードディスクに移すことで、なんとなく満足していた僕は、どこか罪悪感に近いような気持ちを抱えていました。
２００７年といえば、既にデジタル全盛だったものの、フィルムカメラで撮った写真を町の写真屋さんにプリントしてもらっていた時代は決して遠い昔ではありませんでした。シャッターを押すだけでは画像を確認できなかったゆえに、必ず写真屋さんを利用していたあの頃に、僕たちが置いてきてしまった大切なものは何か？ それを知るためにも、フィルムカメラについていま一度考えてみることが必要かもしれない。そう思った僕は、当時編集長をしていた『Re:S（りす）』という雑誌で、「フィルムカメラでのこしていく」というタイトルの特集を組むことを考えます。

プリントの価値

目の前にプリントがないのだから、アルバムに整理しようと思わないのは当然です。その点、フイルムカメラは必ずプリントが生まれるから、アルバムのことを考えるとすごく良かったかもしれないとか、そもそも写真屋さんにフイルムを渡して、現像＆プリントを待つ、あの時間って豊かな時間だったんじゃないかなどと、思いを巡らせていた僕は、それらとまっすぐ関わっていたはずの町の写真屋さんはいまの状況をどう考えているのだろう？ ということが気になりはじめました。そこで、あらためて自分の住む町を見渡してみるのですが、写真屋さんのウインドウに踊る文字は、見事なまでに「安い！」「早い！」ばかり。プリント一枚の価格を下げることよりも、プリントにすることの意味や価値を教えてもらわなければ、このデジタル時代にみんなプリントなんてするわけがないのに……と、僕のなかで少しずつ違和感が膨らんでいきます。けれど日本中を探しまわれば、プリントの持つチカラや、その本質を伝えようと頑張っている写真屋さんだっているはずだ！　と思った僕は、先述の「フィルムカメラでのこしていく」特集の取材として、そんな理想の写真屋さんを探す旅に出ることを決めたのでした。

かげやまスタジオ

その旅についての詳細は割愛しますが、その結果僕は、鳥取県の赤碕《あかさき》という町で「かげやまスタジオ」という一軒の写真屋さんを見つけます。そしてここの店主、陰山《かげやま》光雅《みつまさ》さんとの出会いが、僕のアルバムや写真に対する考え方の大きな転機となりました。

かつては港町として栄えた赤碕ですが、多くの地方がそうであるように、見かける人はお年寄りばかり。そんな小さな田舎町で陰山さんは、黙々とモノクロフィルムを売っていました。そこで陰山さんが見せてくれた一枚のモノクロ写真。そこには、近くの小学校が統合され校舎が壊されてしまうからと陰山さん自らがシャッターを切った教室の風景が写っていました。「このプリント、ちょっと色

が濃いでしょ？」プリントを前にそう聞いてくる陰山さんに、正直、あまりよくわからなかった僕は
「言われてみれば、確かにちょっと濃いですかねえ」と返答しました。すると、陰山さんはこう言いました。
「これは50年後にちょうどになるように、ちょっと濃いめに焼いてるんです」
　そのときの衝撃を僕は忘れられません。まるで宮大工さんのようなそのひと言で、陰山さんが写真というものに、どう向き合っているのかがハッキリとわかりました。
　そして僕は、あらためて写真は、未来のためにあるものなのだと実感したのです。

デジタルデータは永遠じゃない

その日陰山さんはさらに、ある新聞のコピーを見せてくれました。東嶋《とうじま》和子《わこ》さんという科学ジャーナリストの方のインタビュー記事で、そこにはハードディスクやＣＤ、メモリーカードにも寿命がありますよといったことが書かれていました。それを読んだ僕は、えーっ！　デジタルなのに寿命が!?　と驚いてしまいます。けれどよくよく考えてみれば、ＤＶＤやＳＤカードのようなデジタルメディアもモノである以上、寿命があるのは当たり前。しかし問題はそこではなく、それらのメディアは外見から、中の状態がわからないということにあります。ネガやプリントならば、その劣化が

目に見えてわかりますが、データは知らず知らずのうちに理不尽に壊れてしまったりするもの。確かにこれは怖いなあと思いました。

写真をプリントしなくなったお母さん方が、将来、お子さんに「結婚式で見せたいから、子どもの頃の写真ちょうだい」と言われ、押入れからＣＤを出してパソコンに入れてみたら、データが壊れていた、なんてことが充分起こり得るわけです。もしそうなれば、せっかくたくさんシャッターを押していたとしても、そのお子さんの子どもの頃の写真は無いに等しいわけです。データで残すということは、こまめにコピーし続けないといけないんだということが、どれだけ世間に伝わっているんだろう？　と、僕はとても疑問に思いました。

その記事に衝撃を受けた僕は、その後、東嶋和子さんにお会いして直接お話を伺ったのですが、その際に東嶋さんはこんな話もしてくださいました。１９７０年の大阪万博のとき、当時の暮らしがわかるさまざまなものをタイムカプセルに入れて、何十年か後に掘り出そうという企画があり、そこに封入されたものの一つにカセットテープがあったそうです。そしてそこには、カセットテープを再生する機械の設計図も一緒に入れられたというのです。確かにデジタルの世界では、フロッピーディスクやＭＯ、スマートメディアやＸＤカードなど、すでに淘汰されつつあるメディアがたくさんあります。そんなふうに刻々と変化していくなか、写真データを保存している現在のデジタルメディアが、未来のハードに対応するかどうかはわかりません。そういう意味でも、ただそれさえあれば画像を見ることができるプリントのチカラを思い知らされるようでした。

写真を撮るのはデジカメでもス

マホでもよいけれど、せっかく撮った写真をプリントするべきだということについて、早くなにかしら声をあげなければいけない。僕は一人の編集者として強く思いました。そしていよいよ僕が「アルバムエキスポ」をやるぞと決めるまでには、もう一つ、とても大きな出会いがありました。

佐野家のアルバム

このような取材を元につくった雑誌『Re:S（りす）』のフィルムカメラ特集号。それを偶然手にしてくれたある男性から一通のメールが届きました。その冒頭には「俳優をやっております。佐野史郎と申します。」と書かれていました。

　みなさんご存知の佐野史郎さんは、島根県松江市のご出身。そして実は佐野さんのお家は代々お医者さんなのだそうです。つまりは、少しばかり裕福なお家。そもそも写真というのはとてもお金のかかる趣味で、いまのように誰もが気軽に手を出せるものではありませんでした。しかし佐野家においては、おじいさんやおじさん、お父さん、そして佐野さんご自身まで、みなさん写真好きだったようです。なんと、佐野さんの娘さんのものまで入れると、佐野家には6代にわたるアルバムが残っているというのです。それらのなかで最も古い写真が、佐野家初代の家族写真と言われる、明治時代のモノクロプリント。佐野さんのメールには、そのプリントをぜひ見てみてほしいということが書かれていました。

後日、そのプリントを見せてもらった僕は、はじめて手にした百年前のプリントに心底感動しました。鳥取県赤碕で出会った陰山さんが、モノクロプリントは丁寧に処理をすれば間違いなく百年残ると教えてくれたのですが、佐野家のプリントは確かに百年残っていて、それどころかこの先もう百年残るんじゃないか？　というほどきれいでした。

代々受け継がれてきた佐野家のアルバムたちは、どの時代のものをとっても素晴らしく魅力的で、写真のチカラがありありと伝わってくるアルバムだったのですが、それらのなかで僕が一番好きなのが、まだ佐野さんが生まれる前、ご両親の新婚時代のアルバムでした。愛用の二眼レフカメラでお父さんが撮影した真四角のモノクロプリントからは、若い二人のほがらかでのどかな暮らしぶりが伝わってくるようで、僕は何度も何度もそのアルバムを開いては、若く美しいお母さんの姿を眺めるのでした。あまりにかわいらしいお母さんの写真に夢中になった僕は、気づけば「かわいいなあ～　かわいいなあ～」なんて言葉に出しながら写真を眺めていました。そのときのことです。突然フッと「かわいいなあ～　かわいいなあ～」と、同じような思いでファインダーを覗くお父さんの姿が見えてきたのです。僕はそのことにハッとしてしまって、思わずアルバムをパタリと閉じてしまいました。編集者として恥ずかしいかぎりですが、僕はあまりにも当たり前すぎて見失ってしまっていたとても大切なことに、そのときようやく気づきました。

「写真にはそれを撮った人がいる」ということに。

アルバムは大切

それがどうした？　と言われるかもしれませんが、その当たり前の事実への気づきが僕と写真との関係を１８０度変えました。恥ずかしながら僕はそれまで、そこに写っているものしか見ていませんでした。佐野さんのご両親のアルバムから、写真に対して感じていた大切な何かの扉が次々開いていくような感覚を得た僕は、その気持ちのまま、家に戻って自分のアルバムを見返してみました。生まれたての頃から小学校低学年くらいまでの僕自身の成長がまとめられた一冊。これまでも何度か見ていたアルバムですが、そのときばかりは少し違って見えました。それまで僕は「ああ、このおもちゃ覚えてるなあ」とか、それこそまだ新婚時代の母親の姿を見ては「若いなあ」とか、そんなことしか思わなかったのに、そのとき初めて、そこに写っていない親父の存在を感じました。「そうか、これ全部親父が撮ってくれてたのか……」母親に抱かれる小さな僕の写真に、それを撮っている親父を見たとき、僕はなんだかたまらなくなってしまって、初めて自分のアルバムを見ながら泣きました。そして僕はアルバムがいかに大切なものかを知りました。アルバムに写っていたのは幼い自分の姿というより、子を思う親の愛でした。

アルバムが大切だとか、写真が大切だとか、そういう言葉を否定する人はあまりいないと思います。けれど僕はそれを超えて切実にアルバムというものが必要だと思いました。僕は両親がつくってくれたこの一冊のアルバムから、家族に愛されて育ったことを確かな実感として知りました。そしていま僕は娘のためのアルバムをつくっています。この大切なアルバム文化を残していくために僕にできることは何だろう？　気づけば僕は「アルバムエキスポ」の企画書を書いていました。

アルバムエキスポ

ここで「アルバムエキスポ」について、もう少し詳しく説明しておきたいと思います。２００９年の第1回では、アルバムそのものがもつモノとしてのチカラを伝えようと、佐野史郎さんをはじめ、ミュージシャンのCoccoさん、サッカー選手の中澤佑二さんなど、さまざまなジャンルの著名人の方50名から大切なアルバムをお借りして展示。さらに「アルバムアワード」と題し、一般の方から募った個人的なアルバムからいくつかを選出。アルバムづくりのお手本として展示しました。個人情報保護に過敏ないまの世の中で、よくこんなことができたなと思いますが、それを成し得たのはこの企画がどこかの企業のプロモーションではなく、真に「アルバムの良さ」を継いでいきたいという純粋な思いの共有だったからでした。翌２０１０年にはさらに展示内容をパワーアップ。梅佳代ちゃん、川島小鳥くん、平間至さんなど、著名な写真家のみなさんのアルバムを実際にお借りしたり、アルバムづくりのワークショップを開催するなどして、より実践的なアルバムづくりの方法を提示。連日お客さんが会場でアルバムづくりをして帰ってくれるという理想的な光景が見られました。そして会期中の２０１０年12月5日、この日を一年に一回アルバムづくりに勤しんでもらう記念日にしようと、アルバムメーカーのナカバヤシ株式会社とともに「アルバムの日」を制定しました。ちなみに、12月5日という日付は、「いつかつくろうと思っているアルバム」その「いつか＝5日」がやってきましたよ、という意味で5日、それも年末のなにかと思い出を整理したくなる時期がよいなあと12月の5日に決めました。とにかく、当時の僕はなんとかアルバム文化を未来へ継いでいこうと必死でした。そして、そんな僕にずっと惜しみない協力をしてくれていたのが写真家の浅田政志くんでした。

2011年3月

浅田くんの代表作ともいえる写真集『浅田家』は、その名のとおり、浅田家の家族写真が綴じられた一つのアルバムのような写真集です。以来ずっと家族写真をテーマに作品づくりを続ける浅田くんに僕が声をかけない理由はありませんでした。第1回目の「アルバムエキスポ」への協力から、「アルバムの日」の制定に至るまで、そのすべてを浅田くんに相談しながら進めていくなか、開催当初は、子育て主婦層の50％しかアルバムづくりをしていないというデータが出ていたのが70％までアップするなど（富士フイルムさん調べ）、2年連続で開催したこの「アルバムエキスポ」も、その役割を果たし終えたのかもしれないなあと、僕はもはや手を尽くしたような気持ちになっていました。そうして迎えた２０１１年。今年の開催はどうしよう？　と考えていた3月11日、日本で大きな震災が起こりました。

２００９年、２０１０年と「アルバムエキスポ」をやってきた僕は、当然のように、「写真のチカラで何かできることはないか？」と考えました。しかし、多くの人々がそうであったように、やがて僕も、どうしようもない無力感にさいなまれます。まずは人命救助が第一ですし、写真で何かできるなんていうのは、もっともっと先のこと。そもそもいったい自分に何ができるのだ？　と、兵庫県の自宅で悶々とする日々が続きます。けれど津波から一週間、二週間経ち、避難勧告が解除されはじめた頃、ぼんやりとテレビ報道を見ていた僕は、そこに映る光景に衝撃を受けます。瓦礫と化してしまったお家に戻った被災者のみなさんが、懸命になって探していたもの。それは、ほかの何でもなく、写真でした。通帳でも印鑑でもなく、全員が写真やアルバムを探している……。どのチャンネルの報道でも、被災地のみなさんが写真を探しているのを見て、ずっとずっと先のことだと思っていた写真のチカラが、いますぐにでも必要なのだと知った僕は、とにかく行かなきゃと、そう思いました。

泥だらけの写真

そうして僕が、ようやく被災地に行けたのは4月頭でした。僕はそれまでも日本中を旅しながら記事を書いていたので東北沿岸部を含めて、幾人かの知り合いがいました。そこでまずは石巻の知人のところに向かったものの、道路が冠水していて車が入れず、仕方なくそのまま南下した松島で泥掃除のボランティアをすることにしました。僕はそこで初めて、泥だらけのアルバムに出会いました。泥混じりの海水をかぶったその小さなポケットアルバムにホースで水をかけてよいのかとためらったあのときの気持ちを、僕はいまでもハッキリと覚えています。

一方、浅田くんは岩手県の野田村という、被害の大きかったところのうち最北端の町でボランティアをしていました。そして彼はそこで、黙々と写真を洗っている若者たちに出会いました。そのことを人づてに聞いた僕は、すぐさま浅田くんに電話しました。予算もなければ、取材のアウトプット先が決まっているわけでもないけれど、僕はとにかく浅田くんと一緒に東北へ行かなきゃダメだと強く思いました。電話の向こうで浅田くんは「行きましょう」と即答してくれました。

本書は、そこから互いのスケジュールを調整し、約2年間、二人で東北沿岸部へ向かった記録です。

被災地の写真。そう語られると、どうしてもそこには、増幅された悲しみのようなイメージがつきまといます。しかしこれから見ていただく写真に写っているものは、希望であり、光です。「アルバムはとても大切」。そんな大義名分を超えた強いチカラがあります。そしてそこに僕たちが学ぶべき未来があると信じています。ぜひ、僕たちと一緒に旅をするように読んでください。

アルバムのチカラ

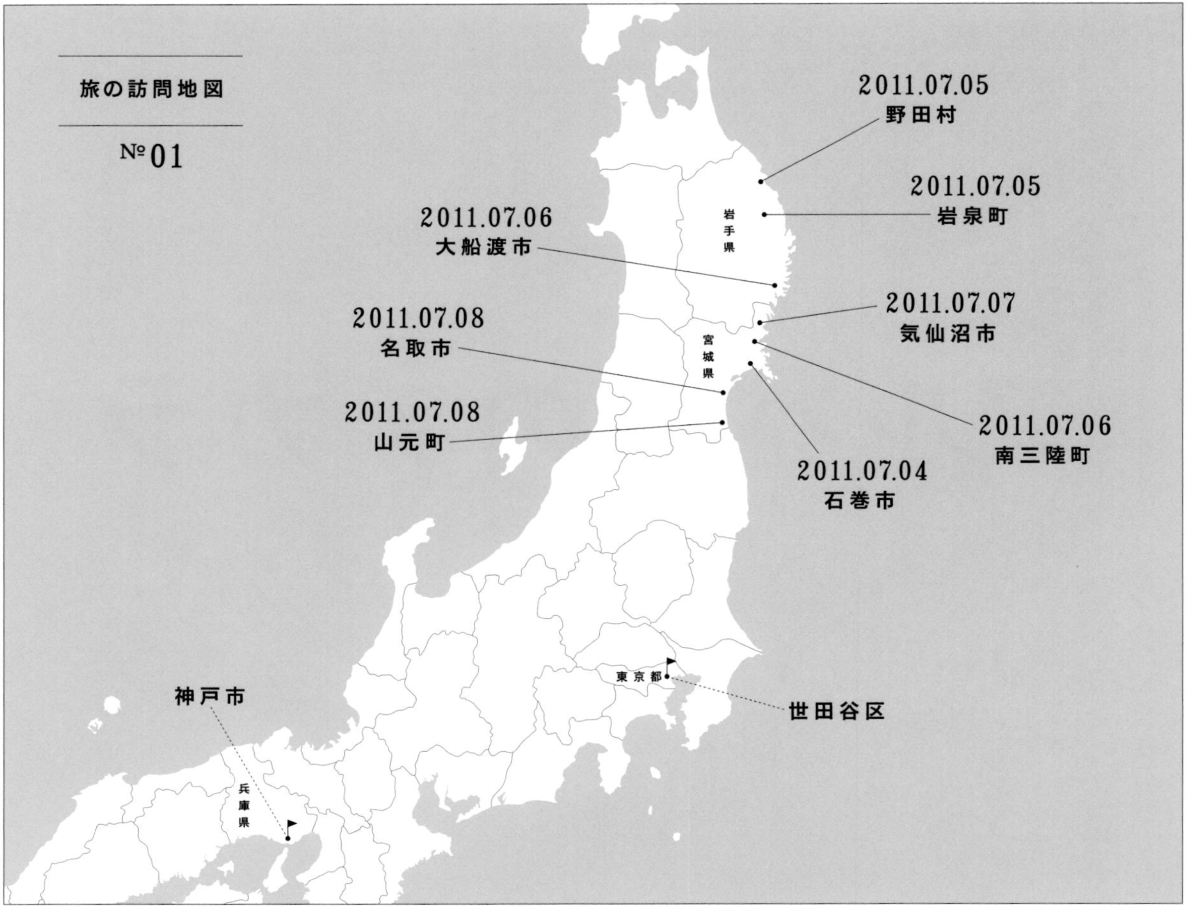

旅の訪問地図
№01
2011.07.05
野田村
2011.07.05
岩泉町
岩手県
2011.07.06
大船渡市
2011.07.07
気仙沼市
2011.07.08
名取市
宮城県
2011.07.08
山元町
2011.07.06
南三陸町
2011.07.04
石巻市
東京都
世田谷区
神戸市
兵庫県

2011.07.04 → 2011.07.08

アルバムを洗う人たち

東北沿岸部の各所で、
思い出の写真たちを救おうと、
写真洗浄活動が行われていました。
そのことを知った僕たちは、
それぞれの現場で写真洗浄に関わる人たちに
会いにいくことを決めました。

福
島

2011.07.04

画用紙のアルバム

宮城県／石巻市

僕と浅田くんが一番はじめに辿り着いたのは、宮城県の石巻《いしのまき》にある、とある避難所でした。震災直後から石巻でボランティアを続ける友達に誘われ、そこに暮らす子どもたちとインスタントカメラのチェキで遊んでいたら、ある女の子がその場にあった画用紙でアルバムをつくり、撮ったばかりのチェキプリントを貼って、最後は大事にランドセルにしまい持って帰っていきました。被災した写真たちのことで頭がいっぱいだった僕たちに、彼女はいまこの瞬間から未来へ新しい写真を残していけばいいという当たり前に大切なことを教えてくれました。明朝からいよいよ始まる思い出救済現場の取材を前に、その光景はあまりに象徴的で、僕と浅田くんはなんだかここへ導かれたような気がしました。

RAKUTE
EAGL

愛宕神社

2011.07.05

穏やかな海

岩手県／野田村

浅田くんが初めてボランティアに訪れた地が、ここ野田村でした。僕自身も震災前から何度か訪れていた町。今回の震災で甚大な被害を受けた町のなかで、最北端の町です。ボランティアの方々はどうしても南から北上してくる方が多いので被害の大きさに比べて、ボランティアの数は多いとは言えず、野田村では、さらに北の青森県八戸《はちのへ》市からやってくる若者たちと、小田《おだ》洋介《ようすけ》くんを中心とした地元メンバーが一緒になってボランティア活動が行われていました。野田村の海はとても穏やかで美しくて、なんだかやりきれない思いだけが押し寄せてきます。震災の数年前、東北を旅していたときに、この野田の海岸で偶然、砂まつりというさまざまな砂像が並ぶイベントに遭遇したことがありました。あのときの海もこんなふうに穏やかでした。いつかまた砂まつりに、出会えますように。

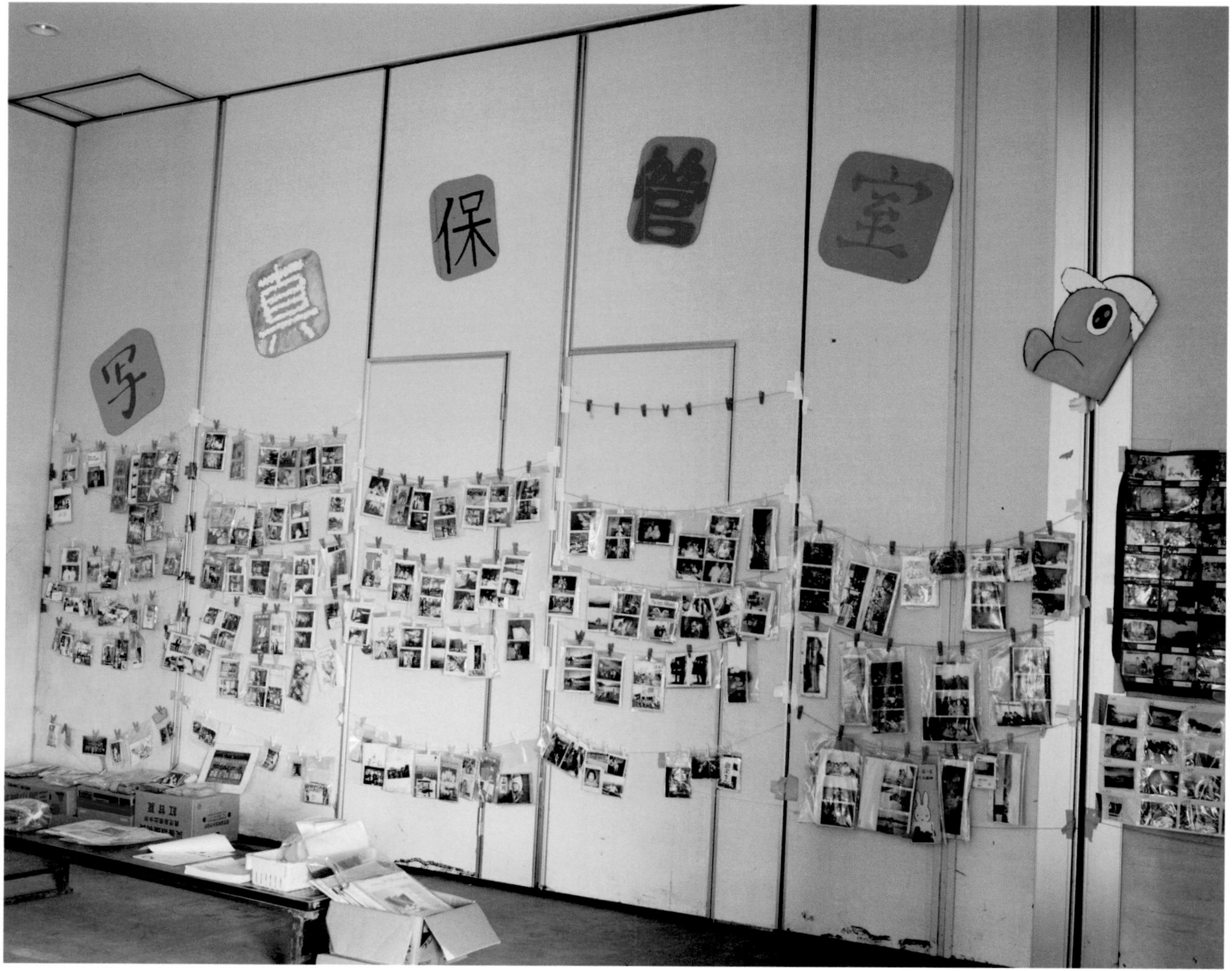
写真保管室

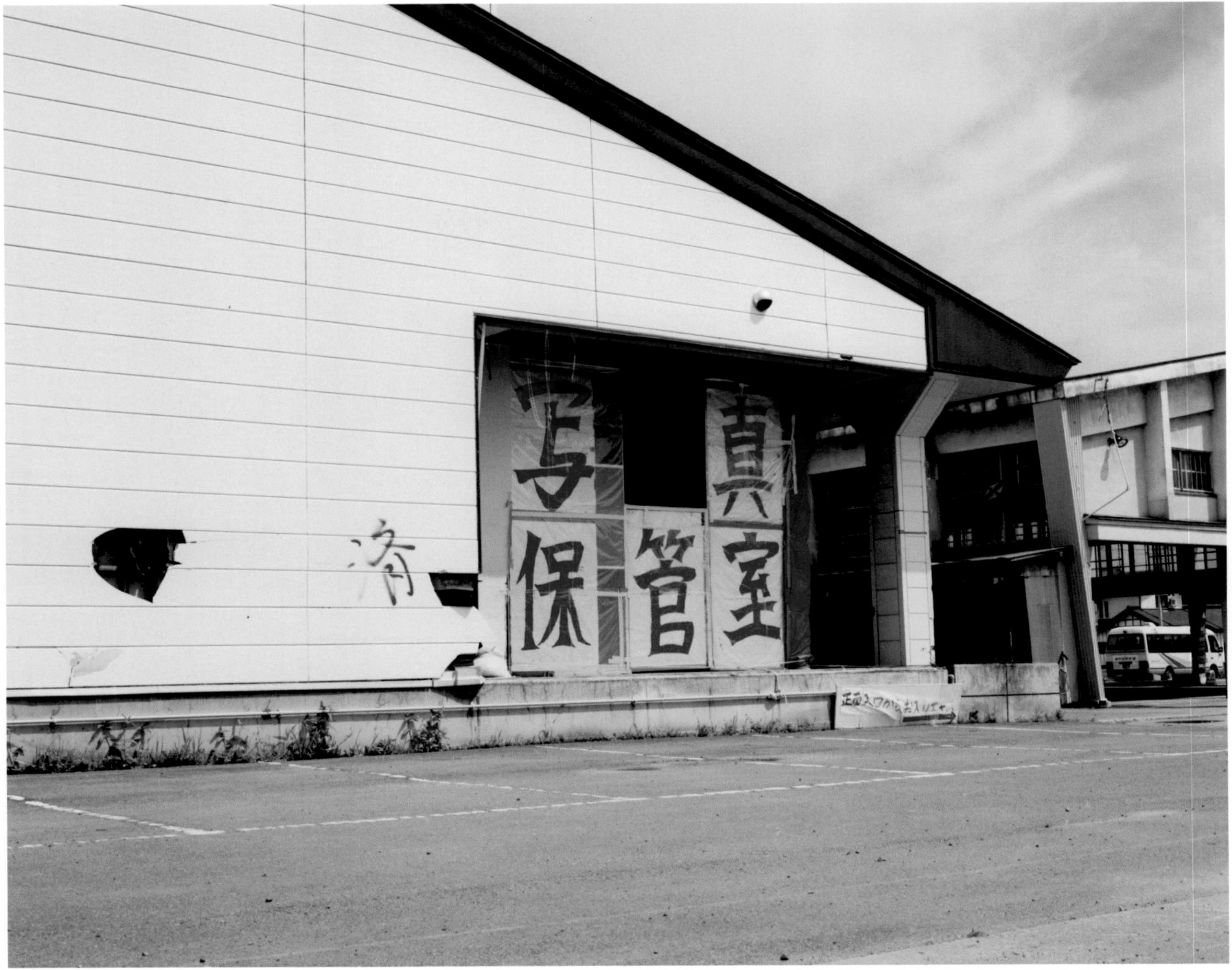
写真
保管室
済
正面入口からお入り

持ち主のお名前が
わかっている写真・アルバム・雑貨
などはコチラにあります！
写真をご覧になっていて、お名前がわかる方が
うつっていたらぜひお知えて下さい
（お時間がある時でかまいません、お手数ですがよろしくお願いします）

61~80
家族
41~60
家族
101~120
81~100
家族
121~140
ALBUM

誰に褒められるわけでもないのにねえ。
だから自分で、火曜日と水曜日だけは来よう、
って決めてやってます。
大変だけど、誰かが始めてくれたことだから。

── 野田村／下《しも》田《だ》靖《やす》子《こ》さん（写真洗浄ボランティア）

写真係作業室
真の修復の仕方
ンティアのみなさんこんにちは
は来て頂いてありがとうございます
の修復の仕方をお教えします
参考にしてもらえたら嬉しいです
也に良い方法があったら、取り入れて
下さいね
真洗浄
真の裏に番号をふります
ごろやよごれを洗い落とす
真を[redacted]干します
づめ、仕分け
にもよりますが半日程度で写真はかわきます
の袋につめます。
直貼り

RAMSA

2011.07.05

一生のはかなさと鍾乳洞と

岩手県／岩泉町

南下がてら、以前から行きたかった龍《りゅう》泉《せん》洞《どう》という鍾乳洞に立ち寄ってみました。たった一センチ伸びるのに、つらら石は五十年、床から天に向かう石《せき》筍《じゅん》は百年もかかるといいます。ということは、この龍泉洞は何千、何万年前からの営みによってできたもの。そう考えてアルバムを思えば、ますます人間の一生のはかなさが胸をつきます。小さくも幸福な思い出たちをなんとか生きながらえさせようとするアルバムは、だからこそ、とても愛おしいのだと思いました。

2011.07.06

紙本修復師の金野さん

岩手県／大船渡市

岩手県の大船渡《おおふなと》市にある、大船渡市総合福祉センターでは、もともと紙本保存修復士をされていた金野《きんの》聡子《さとこ》さんという女性が指揮をとって写真洗浄が行われていました。ほかの町では「持ち主の手元に写真をお返しするのが目的」ということをおっしゃる方が多いなか、この金野さんという方だけは「持ち主のもとに返ったその先さらに何十年と写真が生き延びてくれないと意味が無いですよね」と、綿棒を使って丁寧に汚れを除去する姿に衝撃を受けました。金野さんのプロフェッショナルな知識が、大船渡市の写真救済の指針となり、その指針ゆえに、作業が効率よく進んでいる、そんなふうに感じました。

冷凍庫？

実はこうやって浅田くんと訪れる以前にも一度、こちらに伺って、金野さんにお会いしていた僕は、今回、新たに金野さんの言葉で驚いたことがありました。それは「冷凍庫をご提供いただいたんです」というひと言でした。……冷凍庫？　と不思議に思いながら、その扉を開けてみると、そこにはなんと大量の未処置アルバムが収められていました。写真プリントの表面にあるゼラチンは、津波の泥にいるバクテリアたちの大好物。そのため放っておけばどんどんと傷みはひどくなり、せっかく残った画像も次第に消えてしまいます。その進行を少しでも遅らせるための冷凍保存なのでした。ここ大船渡市社会福祉協議会に支援をしてくださった大手電機メーカーさんも、まさか写真救済に冷凍庫が役立つとは思いもよらなかったと思います。

一つになることの強さ

そしてここ大船渡の写真洗浄現場のもう一つの特徴は、まわりのスタッフの方々のチカラがおおいに活かされているということでした。水洗いした写真を並べ、乾燥させる場所へ運ぶためにお風呂マットを使うなど、みなさんの柔軟なアイデアが作業を進化させ、そして何より現場の空気を活き活きとさせていました。金野さんの専門的な知識と、スタッフの方々のアイデアが一つになって、日々洗浄が進んでいる大船渡から学ぶことはたくさんあります。

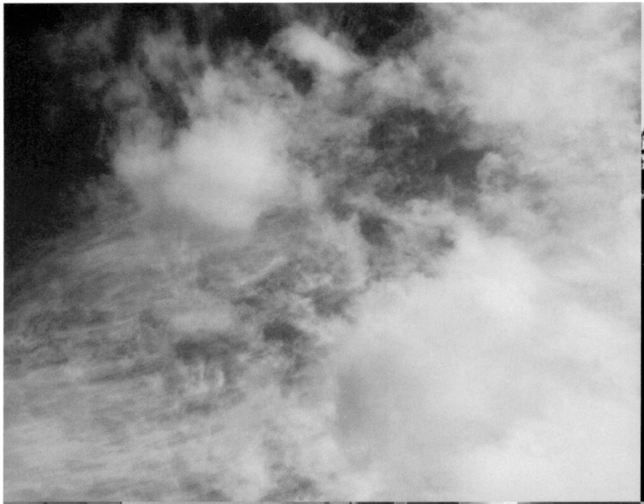

気仙沼 陸前高田
赤崎
大船渡病院
盛

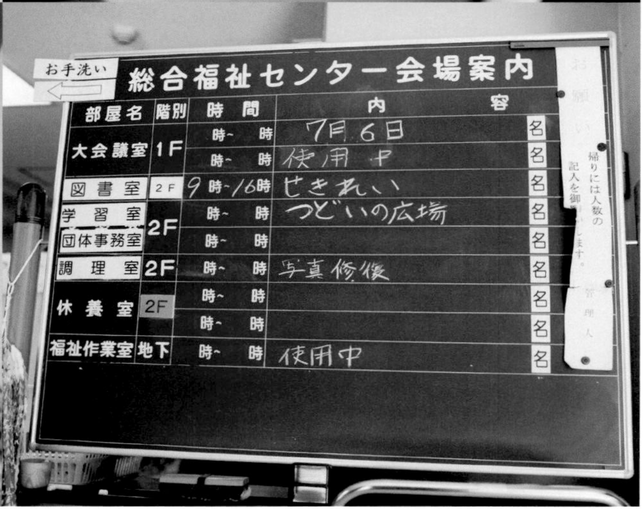

お手洗い
総合福祉センター会場案内
部屋名 階別 時間 内容
大会議室 1F 時~時 7月6日 名
時~時 使用中 名
図書室 2F 9時~16時 せきれい 名
学習室 2F 時~時 つどいの広場 名
団体事務室 時~時 名
調理室 2F 時~時 写真修復 名
休養室 2F 時~時 名
時~時 名
福祉作業室 地下 時~時 使用中 名
帰りには人数の
記人を御
管理人

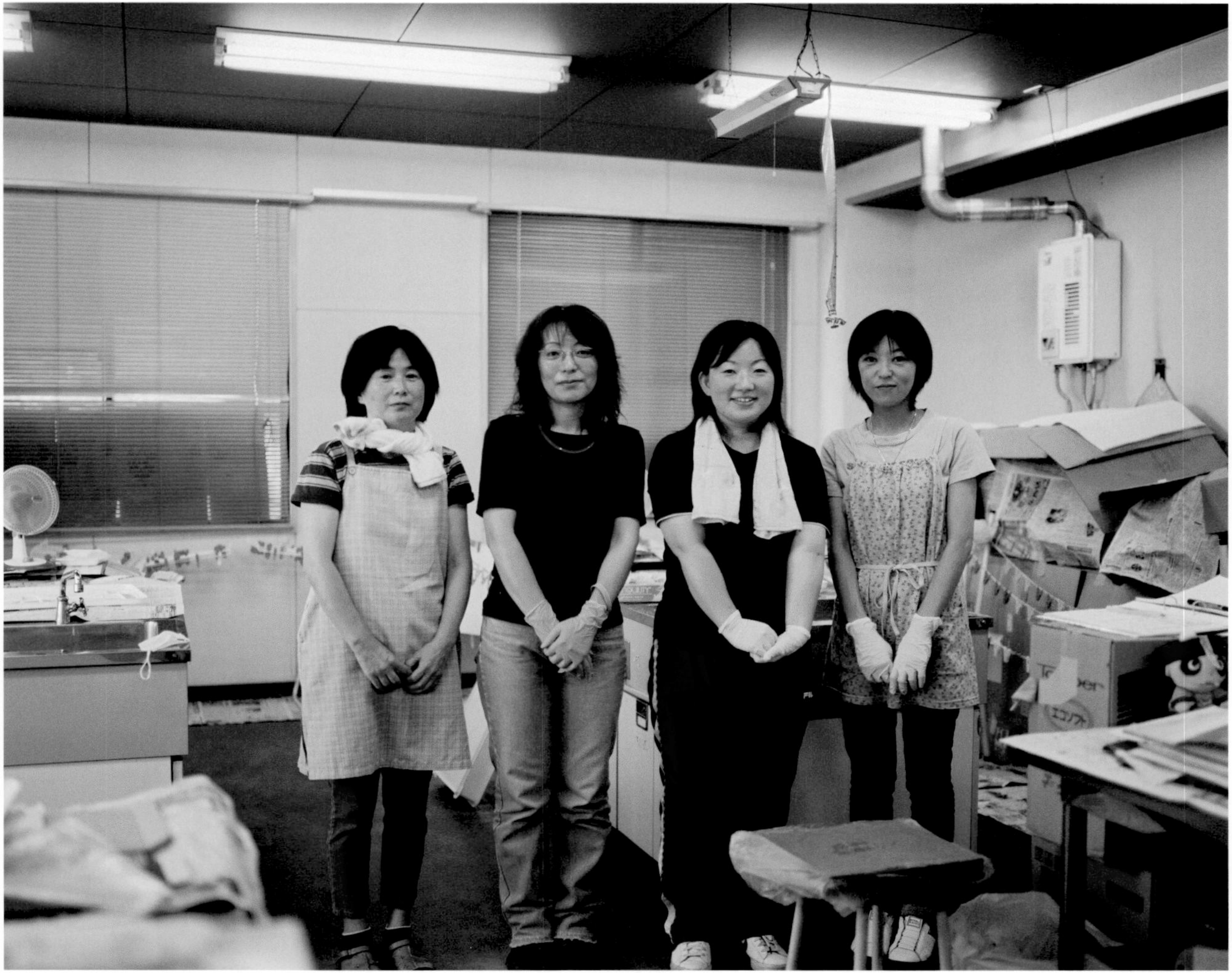

インターネットコー
ご自由にお使いくだ

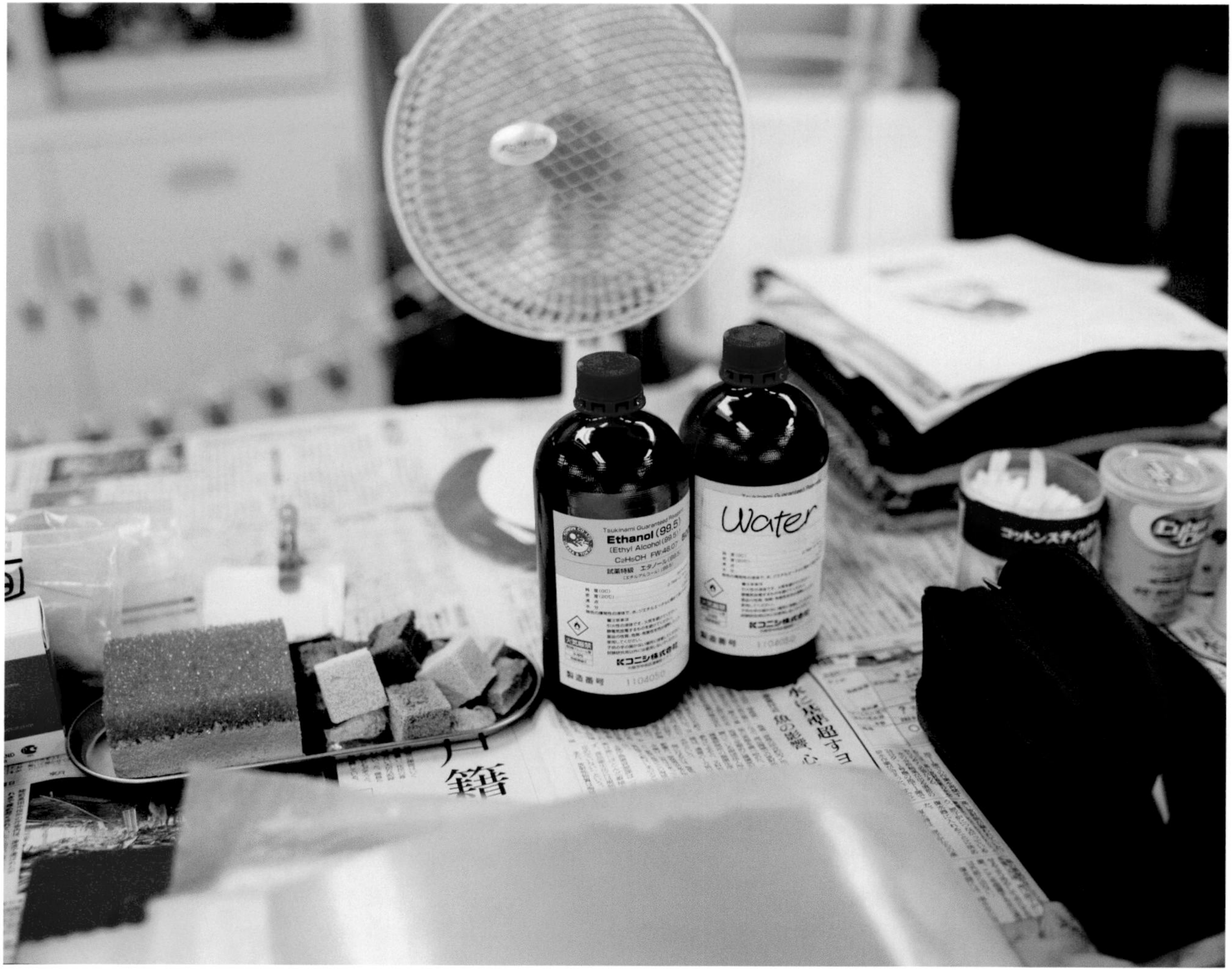
Ethanol (99.5)
Water

写真を見えるように道端に置いてくださった自衛隊の方、
それから消防署の方、レスキューに
入ってくださった方々の思いを引き継いで、
ここできれいにして、それで持ち主の方にお返しする。
それはもう、もちろんなんですが、
私はもともと保存修復士なので、
記録がその先さらに一分一秒でも長生きできるように、
ということを考えて、一手間、二手間加えます。
あとは凍結させることによって、
カビは一時的に繁殖活動を遅らせることができますので、
その間にどんどんと処置を。

—— 大船渡市／金野聡子さん

大船渡町
心当りのある
お持ち帰り下さい
写真展

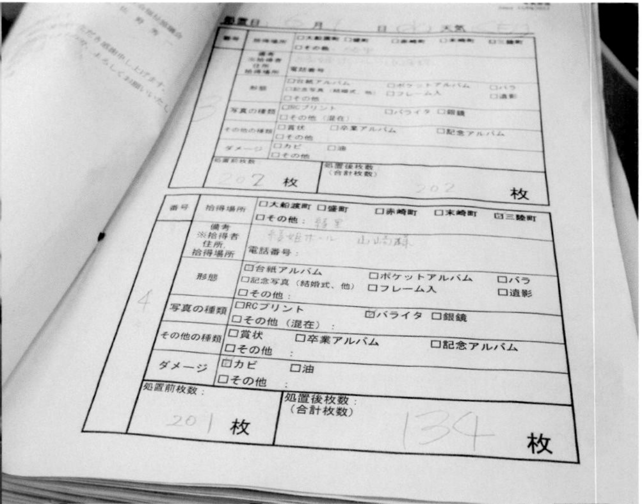

番号
拾得場所 □大船渡町 □盛町 □赤崎町 □末崎町 ☑三陸町
□その他：
備考 ※拾得者 住所、拾得場所
電話番号：
形態 □台紙アルバム □ポケットアルバム □バラ
□記念写真（結婚式、他） □フレーム入 □遺影
□その他：
写真の種類 □RCプリント ☑バライタ □銀鏡
□その他（混在）：
その他の種類 □賞状 □卒業アルバム □記念アルバム
□その他：
ダメージ ☑カビ □油
□その他：
処置前枚数：
201 枚
処置後枚数：（合計枚数）
134 枚

赤崎町 拾得
末崎町 拾得
盛町 拾得
心当りのある方は
返却記録に
記入の上
ポケットアルバムごと
お持ち帰り下さい

立入禁止

2011.07.06

佐良スタジオ、佐藤さん

宮城県／南三陸町

いよいよ宮城県へ。南三陸町《みなみさんりくちょう》まで一気に南下した僕たちは、洗浄済み写真の展示室となっている、旧入《いり》谷《や》中学校に到着しました。数年前に廃校になった木造建築の建物はとても美しく、快晴も手伝ってとても気持ちのよい空気が流れています。震災以前、ここ南三陸町の志津川《しづがわ》で「佐良《さりょう》スタジオ」という写真スタジオを営業されていた佐《さ》藤《とう》信《しん》一《いち》さんという方を、被災地の思い出救済活動を支援している富士フイルムさんから紹介してもらった僕たちは、ちょうど今日、佐藤さんが津波で流されてしまったご自身の写真を探しに来られるということで、やってきたのでした。

洗浄済み写真の展示場所としては、間違いなくこれまで見たどこよりも美しいこの空間を前に、シャッターを押さずにはいられないと思った僕たちは、受付の女の子からボランティアセンターの課長の携帯電話の番号を教えてもらってなんとかギリギリ撮影許可をいただきました。行き当たりばったりな取材旅は実はこういう許可申請が大変だったりします。

これまで幾度となくここを訪れては、ご自分の写真を探していた佐藤さん。残念ながらまだ一枚も見つかっていないとのこと。しかし佐藤さんがご自身のスタジオで撮影したお客さんの写真は次々と出てきます。けれどそれは佐藤さんの写真ではなく、あくまでもお客さんのもの。それを持ち帰るわけにもいかない佐藤さんの背中に、目の前にある大量の思い出をプリントしてくれていた写真屋さんという存在の偉大さをあらためて感じます。

この町に暮らす人々の思い出を残し続けてきた佐藤さん。写真屋さんの使命はそこにあったのだと、あらためて思い知らされる気持ちでした。

入谷中へ
ようこそ
入谷
工房

志津川
1年1組
アルバム
新着分

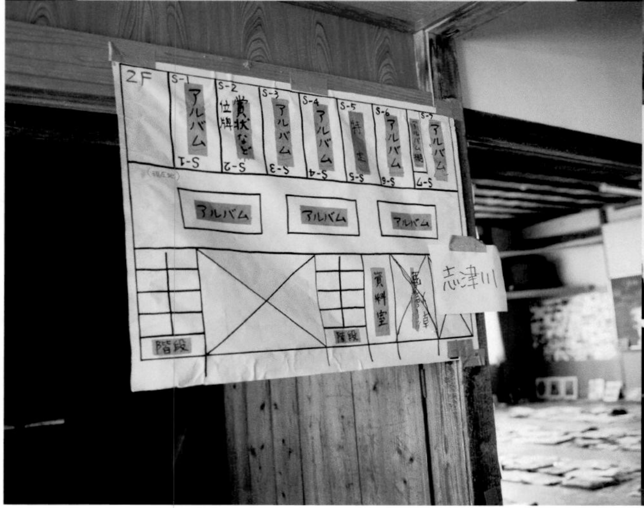
2F
S-1
アルバム
S-1
S-2
位牌
賞状など
S-2
S-3
アルバム
S-3
S-4
アルバム
S-4
S-5
S-5
S-6
アルバム
S-6
S-7
アルバム
S-7
アルバム
アルバム
アルバム
階段
階段
資料室
志津川

1960.5.24

あっ！ これうちだ。
あっ、俺だ！ 俺だこれ、俺、俺。これ、俺。
あぁ〜良かった〜。ああ俺だ、俺。良かったー。
なにげに見たら、ほら、ここにうちの親父が写ってて。
これ誰かな、誰かのアルバムのひとコマだなぁなんて思って。
裏見たら、これ俺のじいさんなんですよ。
だからこれ、俺なの。
これがじいちゃん。じいちゃんが出てきた。ははは。良かったよ。
こんなこともあるね。やっぱり来て良かった。
みなさんに感謝、感謝ですな。
ほんと詰まるところ写真だよね。
お金とか印鑑とか通帳とか、現実的なことを表面では言うけどね。
「写真一枚、出てこないかなぁ」ってみんな言うもんな。
なんにもないからね。
なんにもなくしちゃったからね。

―― 南三陸町／「佐良スタジオ」佐藤信一さん

2011.07.07

日本一写真を洗った人

宮城県／気仙沼市

再び少し北上した僕たちは、宮城県気仙沼《けせんぬま》市の唐桑《からくわ》半島にある唐桑体育館に到着。自らも被災しているにもかかわらず、いまや日本一多くの写真洗浄を手がけていると言われる、元イチゴ農家の高井晋次《たかいしんじ》さんにお会いします。

実は高井さんのもとを訪れるのも僕は震災後2回目でした。以前来たときから、まだひと月しか経っていないというのに、一気にアルバムが減っていて驚きます。泥まみれの写真は、大船渡で教えてもらったように、時々刻々と劣化していきます。ゆえに、写真をいち早く洗浄するというのが、現場の最重要課題。しかし大量のプリントを数人のボランティアで洗っていてはとうてい追いつきません。そこで高井さんは「これらの思い出は人間と同じ。人間を緊急避難させることと同じなんだ」と、信頼できる県外の団体へ写真を送り、洗浄してもらったものを再び返送してもらっています。だからこそ、これだけ一気に写真洗浄が進んでいるのです。そこには当然、そんな個人情報を県外に送ってよいのか？　といった意見もありました。役所の方々にその判断を任せたら、答えが返ってこないという事も明白でした。高井さんという一人のリーダーが、責任は俺がもつからと決断し、行動したこと。それゆえに助かった思い出たちが大量にあります。僕は高井さんの判断を心から支持します。

七夕に思う

写真展示のなかに七夕の笹があることで、今日が7月7日だったことを思い出しました。まるで織姫と彦星のように、写真と人を引き離した天の川のごとき津波は、その二つを引き離したのではなく、引き寄せたのだと僕はいまそう思っています。僕たちの暮らしのそばに当たり前のようにある写真が、自然災害によって一度引き離されてしまいました。しかしそのことでかえって、僕たちは「写真」のなんたるかを知れたのだと思います。

高井さんには、娘さん（当時7ヵ月）がいらっしゃいます。震災直後、奥さんのご実家である兵庫県に、奥さんとともに避難した娘さん。日々変化し成長していく娘の姿を、父親としてどれほど見たいだろうと思うと、僕はたまらない気持ちになりました。わが子との思い出をもっとも残していきたいだろうそのときに、他人の思い出を救うために奔走する高井さんが僕には天使のように見えました。こういう人たちが、あの夏、被災地の現場にいたということを記録し、伝えなければと、そう思っています。

気仙沼市唐桑体育館

展示時間
16時まで。
ご了承ください。

不明
カウネット

持ち主が見つからない場合もある。
だからこれをみんなの思い出みたいなイメージで、
長く展示するようなことができればいいですけど。
やっぱり「あったよ」「見に来てくれ」って言って、強引に見せるのはしたくない。
その人の気持ちがちゃんと前向きになって、
探したいという気持ちが出てきたときに対応できるように、
それを待てるような状態をつくるっていうのが大事だと思うんですよ。

でもそれは10年かかるかもしれない。
だから最終的にどういうふうにすればいいか？
そこ、誰もやったことがないんですよね。
これを普通に拾得物と考えると、警察扱いなんです。
そうすると警察に預けた瞬間に、もう3ヵ月とかで廃棄処分にされちゃうんですね。
多分、実際はそれはないと思うんだけど、
でも決まってないんですよ。
これをどうやって最終的に保管していくかってことは。

—— 気仙沼市／高井晋次さん

よ行
め行

みなさんが元気で笑える日が一日も早く来ます様に

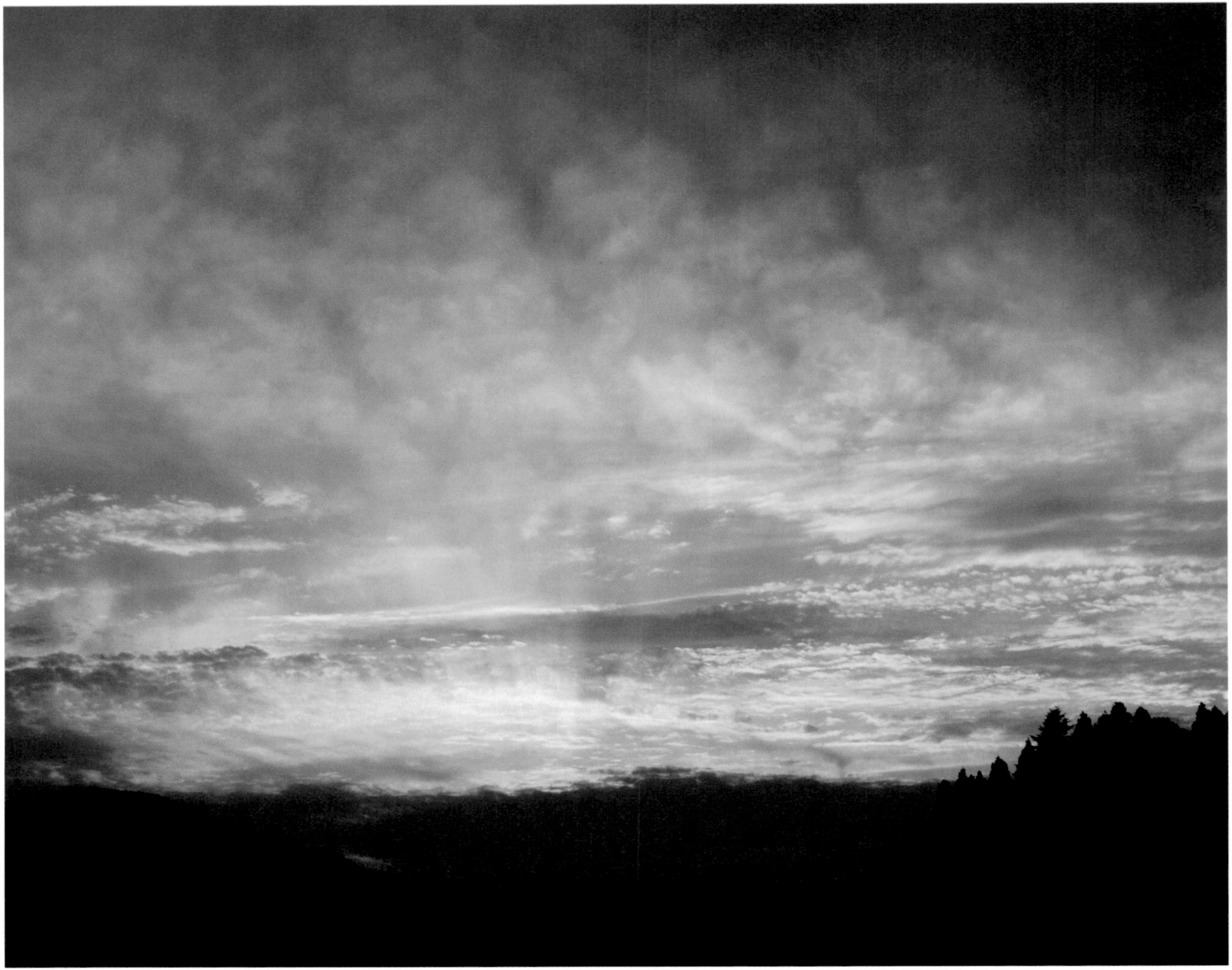

2011.07.08

焦り

宮城県／名取市閖上

7月8日。宮城県名取市、閖《ゆり》上《あげ》小学校体育館。こちらにも震災後一度うかがっていた僕は、気仙沼の唐桑体育館とは対照的に、未洗浄の写真やアルバムの数がまったく減っていないことに、やりきれない気持ちになりました。繰り返しになりますが、泥まみれのアルバムたちは、いち早く洗浄しなければなりません。大量の思い出たちを前にいったい、どうすればいいのだろう？　と、途方に暮れてしまいます。

実は、こちらはもともと、当時8ヵ月だった一人息子と両親を津波で亡くされた、ある一人の女性の思いからはじまった場所。いまは仕事に戻られたその女性の思いを引き継ぐかたちで、新《あら》井《い》洋《よう》平《へい》さんがなんとか現場を取り仕切り、数名のボランティアの方とともに、黙々と写真洗浄をなさっています。そんな状況ゆえ、新井さんの懸命な努力をもってしても、なかなか減らないアルバムたち。明らかに人手が足りない現場に、取材している僕たちまで気持ちが焦ってしまいます。ここのアルバムたちも気仙沼のように、どこか手伝ってくれるところへ送ることができないものか？　後ろ髪を引かれる思いで閖上を後にしました。

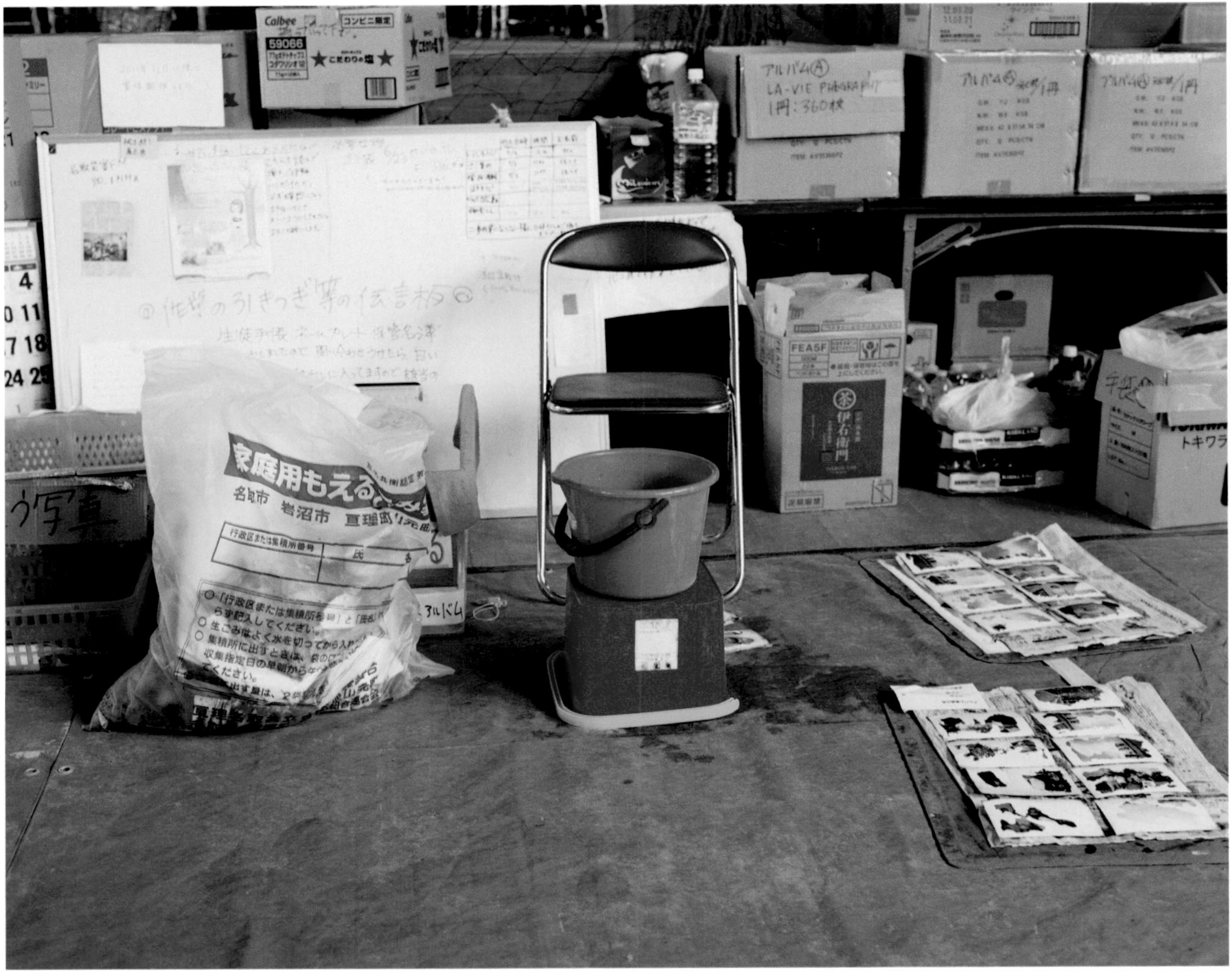

Calbee
59066
コンビニ限定
アルバムⒶ
LA-VIE PHOTOGRAPH
1冊：360枚
作業の引きつぎ等の伝言板
家庭用もえる
名取市 岩沼市 亘理町
行政区または集積所番号
FEA5F
伊右衛門
トキワラ

燃やせ海の子閖上魂
名取市立閖上小学校　平成12年度卒業生一同
赤貝組合

ここを始められたのは、ご家族を亡くされた被災者の方なんです。
だからご家族の思い出を探したいという思いを
インターネットに書き込みをされて。
それに賛同した方が集まってきたのが始まりなんです。
私もボランティアでこちらに来させていただく機会がありまして、
ちょうどそのタイミングで、
ここを始められたその方がお仕事に戻られることになって……
そこからここを引き継ぐようなかたちでいまになります。

ただ、いつまでもこの状態でいるわけには
いかないのはわかっていますので、
おそらくこの夏いっぱいぐらいかな、と。
市の方々とお話をさせていただいてますが、市の方も、
まだここをどうするかという結論は出てないんですね。
でも、いずれこういった場がなければ、
この震災の記憶というのは徐々に失われていく。
そういった意味合いでも、この場所を残していきたいんです。

── 名取市閖上／新井洋平さん

名取市北釜集会所

2011.07.08

結界のようなもの

宮城県／名取市北釜

仙台空港の近くにある、北釜《きたかま》集会所。ここは、震災の3年前に北釜に移り住み、作品制作をしてきた写真家の志賀理江子《しがりえこ》さんが、数名の知人とともに、写真洗浄を続けてきた場所でした。

本来、こんなふうに飾られるものではなかった、それぞれの家族の思い出の集積を前に、そこに本来あってもおかしくない、ある種の結界のようなものを感じたのは、実はこの空間が初めてでした。それは、偶然にも震災前からこの町にいた自分の使命と、写真そのものの意味、そして北釜の住民のみなさんのことを深く考え、黙々と作業を続けた志賀さんの思いの表れのようでした。そこに対してシャッターを押す、浅田政志という写真家の背中にも、僕は同じ種類の誠実さを感じました。

5月18日

ここに置いてある写真は洗浄済みです。
写真を探すときは、空箱に移動させながら
探すと、やりやすいです。

2011.07.08

これまでとは違う何か

宮城県／山元町

浅田くんの友達の写真家、高橋宗《たかはしむね》正《まさ》くんの紹介を受けて、今回の旅の最後に訪れたのは、宮城県の山元町にある「山元町ふるさと伝承館」。ここでは、宗正くんはじめ、数名の写真家さんたちが定期的にここへやってきて、洗浄した写真やアルバムをデジタルデータにするための複写作業を続けているということでした。写真展示室に、整然と並べられたアルバムたちの美しい姿に、僕たちはこれまでとは明らかに違う何かを感じます。

思い出サルベージ 溝口くん

そこで出会ったのは、この町の写真洗浄プロジェクト「思い出サルベージ」の現場を取り仕切る溝口《みぞぐち》佑《ゆう》爾《じ》くんでした。まだ少し残っていた写真洗浄作業をやり終えようと、同じくこの町にボランティアで来ているニフティ株式会社の田代光輝《たしろみつてる》さんとともに作業を進める溝口くんは、決して手を休めることのないまま、写真のデジタル化の工程について詳しく説明してくれました。洗浄した写真をアルバムに収めていくときに、検索のための番号をふったシールをアルバムと写真の両方に貼り、さらに写真を複写したデータとそれらの番号が一致するように、データのファイル名を書き換えるという、それはそれはとんでもなく地道な作業です。

この日、深夜バスで京都に戻らないといけないという溝口くん。そのためには17時にはお風呂に入っておかないと！　と先に記念撮影。溝口くんがいったんお風呂へと消えていったその後で、ニフティの田代さんが、震災直後の山元町の姿、現状、そしてだからこそ、溝口くんがこの町を選んだことについて語ってくれました。

溝口くんにみた光

田代さんの言葉（Ｐ96）から、彼がこの町にとどまり活動を続ける意味を知った僕は、彼の頼もしさになぜか誇らしいような気持ちになりました。この町の写真救済の一番の特徴とも言えるデジタル化についても、自身の判断で決断し、作業を進行させていった溝口くんは、とんでもなくスペシャルな若者でした。現場でのイニシアティブの取り方、決断力、良いと思うものはなんでも躊躇なく取り入れる柔軟さなど、被災地の現場というよりは、どんな現場であれ、緊急事態を前に求められる対応の回答のようなものが、溝口くんの行動にはすべて詰まっています。

この期におよんでなお、平常時のルールやマニュアルに左右される大人たちが溢れるなかで、弱冠27歳の彼が、僕にはどれだけたくましく見えたかしれません。そこにある強い使命と行動力に、ある種の才能さえ感じ、この旅の最後に溝口くんと出会ったことに僕も浅田くんも、とても大きな意味を感じながら、ひとまず東京へと戻りました。

sRGB
JPEG
最大
水準器!
③→展示(月〜)

必ず元の位置に
戻してください

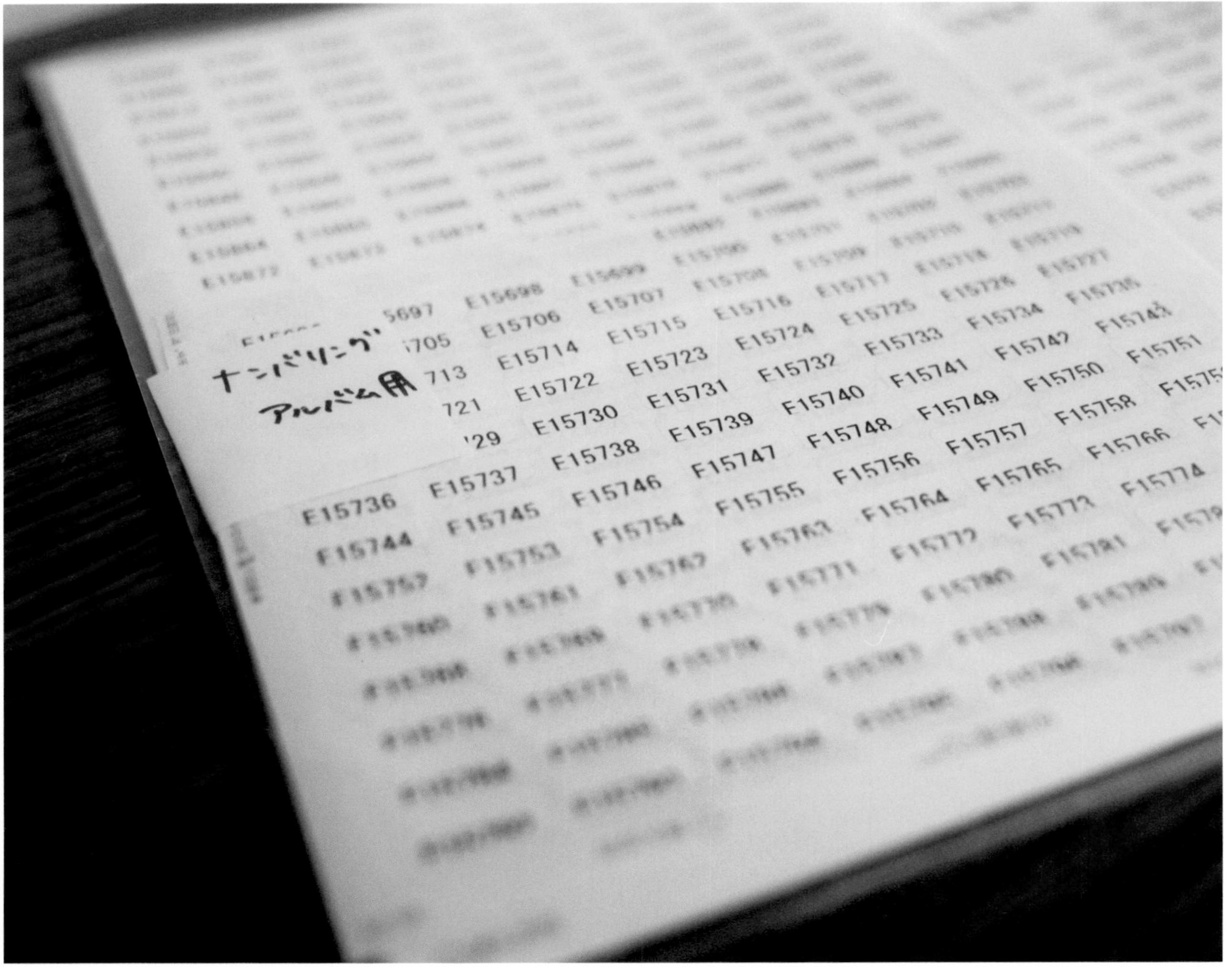
ナンバリング
アルバム用

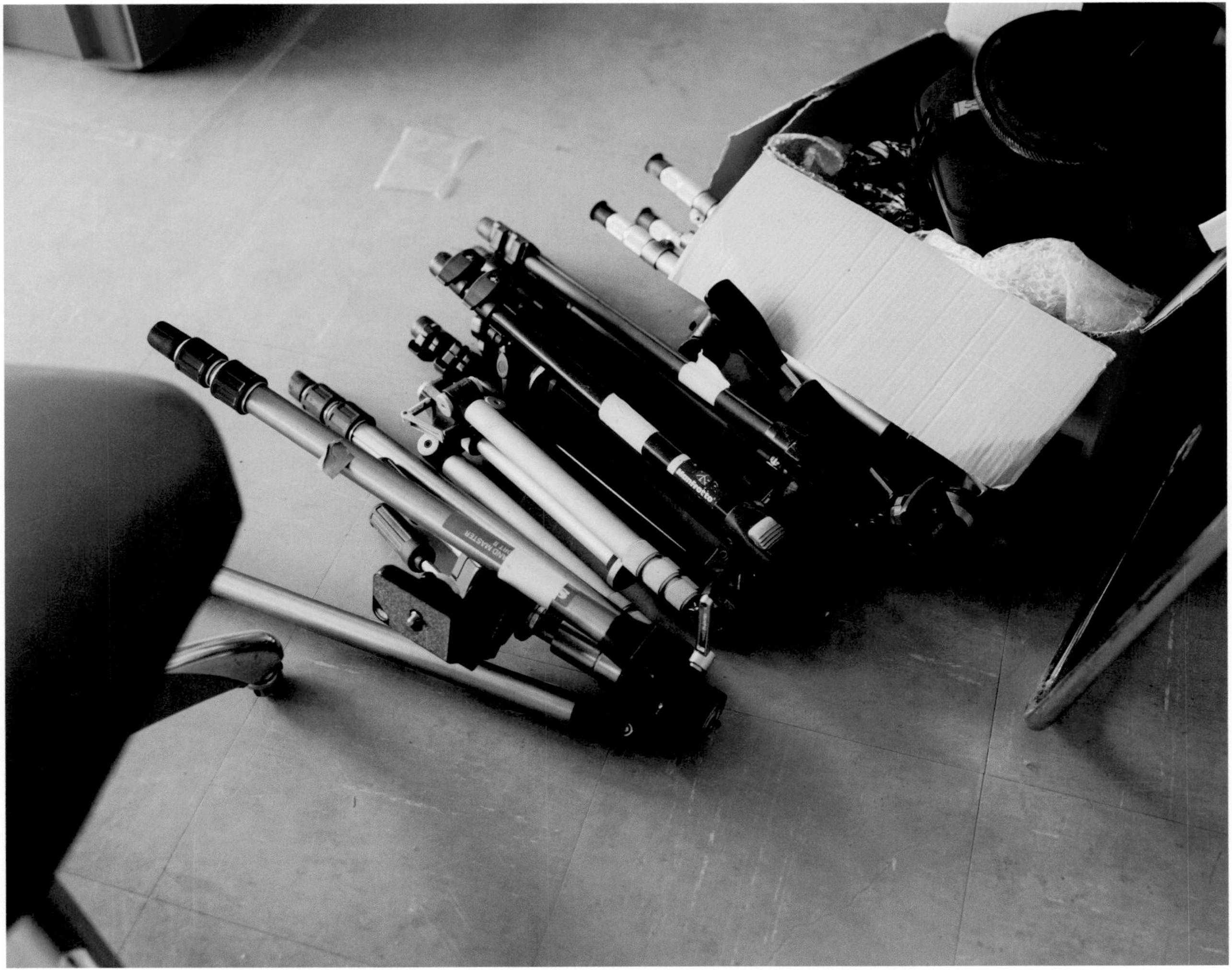

藤本　複写は誰が最初にやろうって言ったんですか？

溝口　えーと、一応デジカメで撮りましょうとは僕が言いましたね。

藤本　どれくらいのときから？

溝口　４月６日から来て、本格的にスタートしたのが４月末ですね。で、ちょっとゴールデンウィークで試して、結局デジタル化はスキャンより複写撮影が一番いいだろうっていうことで。はじめは素人でやってたら、プロの写真家さんからダメ出しが入ったという（笑）。アルバムはとりあえず表紙を写します。写真にも全部番号がつけてありますので、あとは１ページずつ開いていくという方式でやっています。

藤本　これみんなで話し合いながら決めていったんですか？

溝口　ほぼ僕の独断で決めましたね。

藤本　誰かがそうやってイニシアティブを取らなきゃってことですよね。

溝口　そうですね。だいぶもめました、はじめは。でもとりあえず現場の感覚を信じてくれって。

歴史民俗資料館
被災アルバム・写真
展示・公開会場

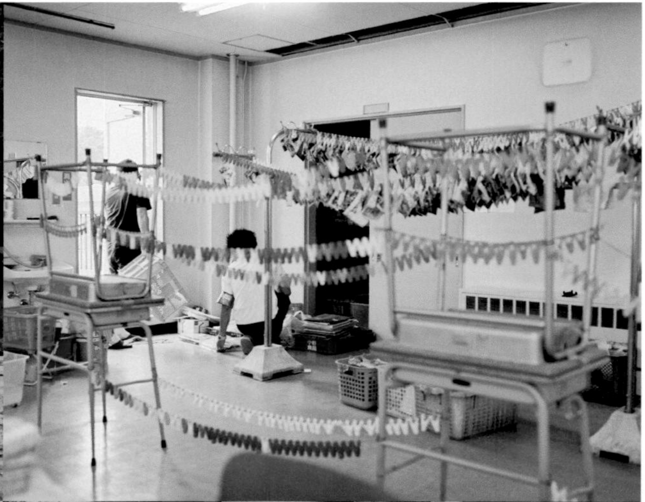

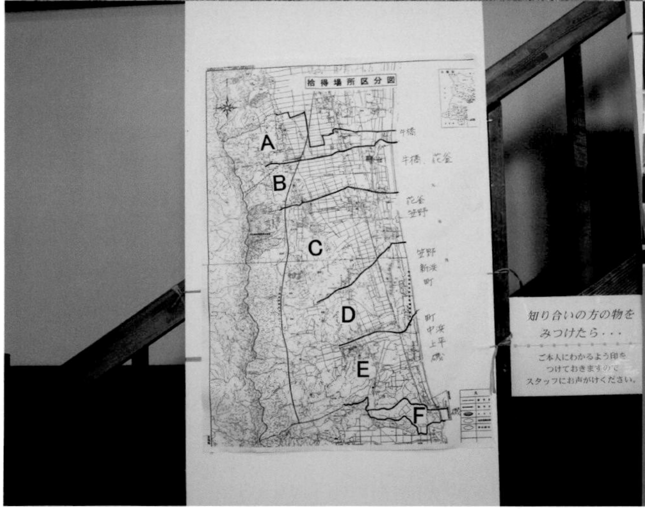
拾得場所区分図
A
B
C
D
E
F
牛橋
牛橋、花釜
花釜
笠野
笠野
新浜
町
知り合いの方の物を
みつけたら・・・
ご本人にわかるよう印を
つけておきますので
スタッフにお声がけください。

F
F

D
E
E

彼は京大に入って自分の名前を言ったら、
まわりのみんなが「おぉ〜」って言ったっていうんです。
なぜかっていうと、彼、何度も全国模試で一位になってるんですよね。
それで彼は社会情報学会で、社会の中の情報の役割を
ずっと研究してきているので、情報の力で社会をつくり直すんだと。
情報が遮断されちゃったこの町を、
情報の力でなんとかするんだと言って常駐してるんですよ。

── 山元町／「ニフティ株式会社」田代光輝さん

ほかの町はほかの町で事情が違うんですけど、
山元町のぐったり加減というんですかね。その疲弊度は、
ちょっとほかの地区とは質が違うなと。北のほう、例えば気仙沼だと、
アップダウンがあるから、すごい高さの津波が来たところもあれば、
その隣に全く津波が来なかった場所もあったりするじゃないですか。
ここはもうすべてが流されているので。そういう意味では
陸前高田とか南三陸に近い。でも山元町はほとんどマスコミに出なかった。
圧倒的に情報が伝わらなかったんです。仙台より南になると、
南相馬の原発の話にとんじゃうので。
ここはある意味の空白地帯なんですよ。

── 山元町／溝口佑爾さん

写真を持ち帰る際には
ポケットアルバムから
1枚ずつ抜き取って
受付へご持参ください

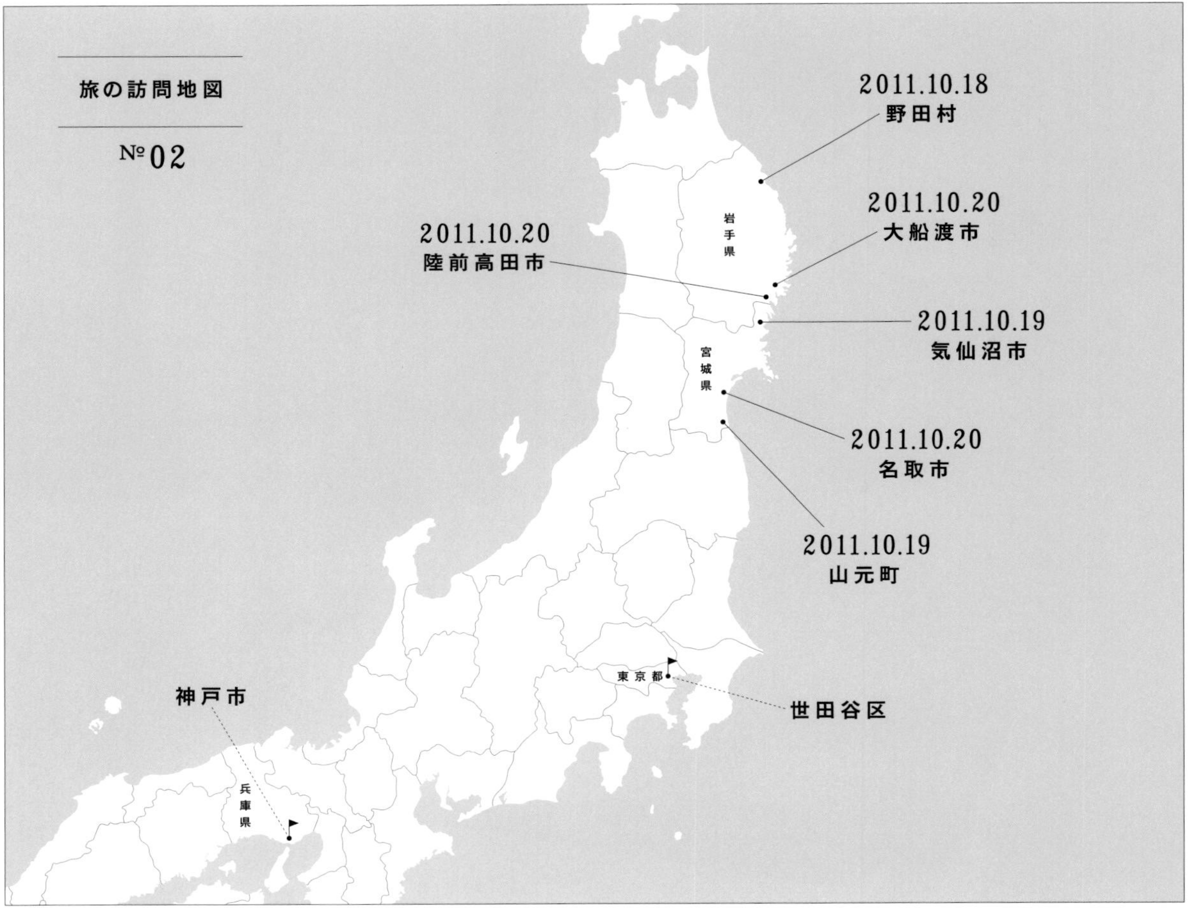
旅の訪問地図
№02
2011.10.18
野田村
岩手県
2011.10.20
大船渡市
2011.10.20
陸前高田市
2011.10.19
気仙沼市
宮城県
2011.10.20
名取市
2011.10.19
山元町
東京都
世田谷区
神戸市
兵庫県

2011.10.18 → 2011.10.20

救われたアルバムたちの行く末

前回の旅から約3カ月、
写真救済における
一番の山場と言われた夏を越え、
各写真洗浄現場では新たな問題が
起きはじめていました。

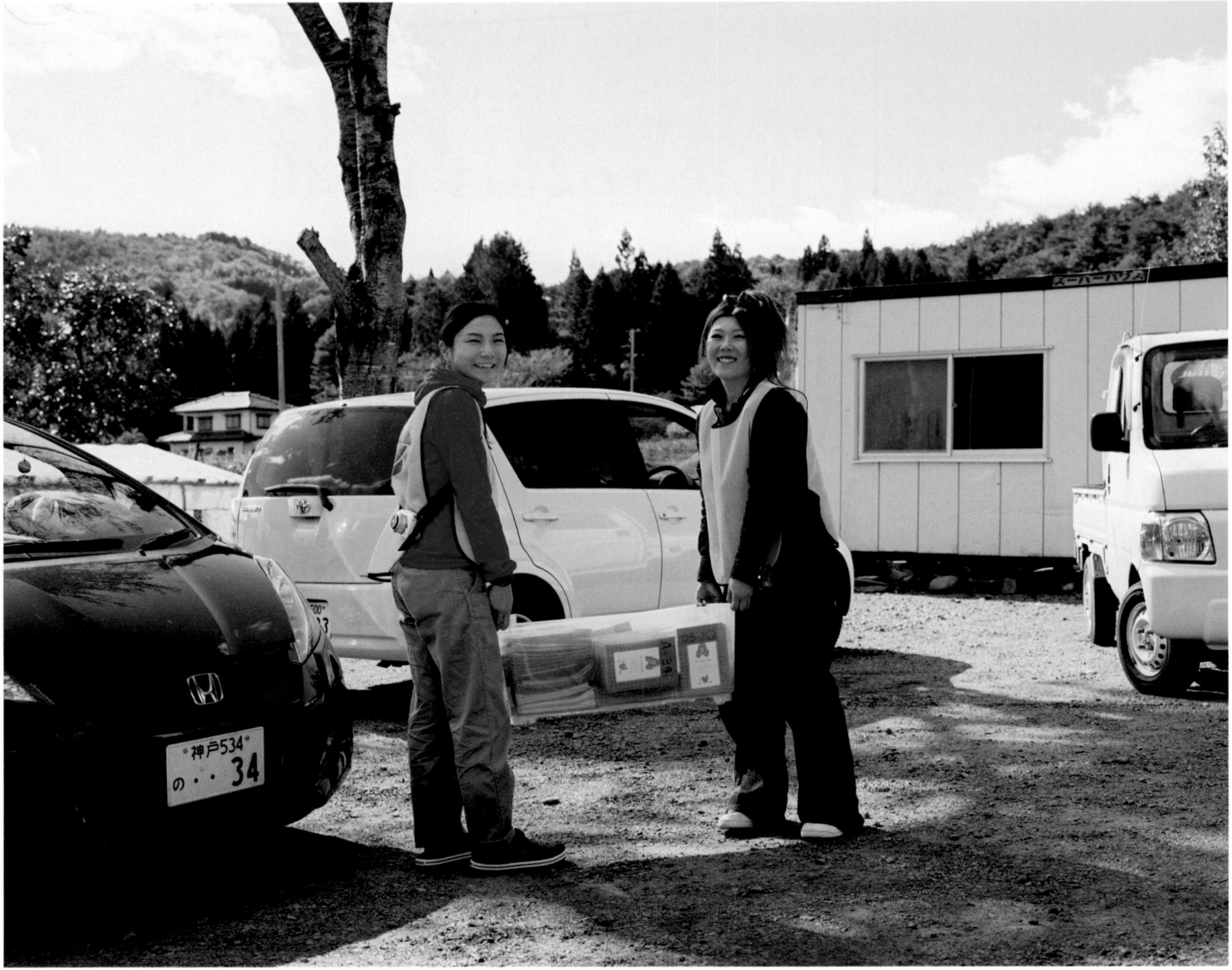
神戸534
の・・34

2011.10.18

マチコちゃんとかよちゃん

岩手県／野田村

今回の旅は野田村からスタート。

甚大な津波被害を受けた岩手県の野田村には、前回の旅の記録でも書いたとおり、隣県の青森、特に八戸の若者たちが多くボランティアに訪れています。そこで出会ったのが八戸市で『南風堂《なんぷうどう》（現：mog@nanpuhdo）』という料理店を開く外舘《とだて》真知子《まちこ》さん（マチコちゃん）と、カメラマンの中村《なかむら》佳《か》代子《よこ》さん（かよちゃん）。底抜けの明るさで現場の空気を晴れやかにする彼女たちは、野田村の思い出救済現場において、絶対に欠かせない二人でした。神戸から車で休まず走り続けたとしても東京経由で15時間以上かかる、野田村までの長い道程。すでにヘトヘトな僕たちにとって、二人の明るさは本当に救いでした。この日、野田村では、「お茶会」と称した写真返却会が行われていました。一人で黙々と写真を探すのではなく、互いに近い集落に住んでいたみなさんで、わいわいとおしゃべりをしながら探してもらったほうが、たくさん持ち主が見つかるはず、というボランティアのみんなのアイデアからはじまったこの「お茶会」は終始笑顔が絶えず、次々と写真を見つけていく姿にこちらまで興奮してしまいます。「話の種ができた。これで子どもたちと話できる」なんてひと言に、僕はもうたまらない気持ちになったと同時に、写真プリントが最高のコミュニケーションツールであるということを見せつけられる思いでした。浅田くんが持参した彼の地元三重県の銘菓や、マチコちゃんお手製のデザートを食べながら、たくさんの写真が持ち主のもとに返っていきました。

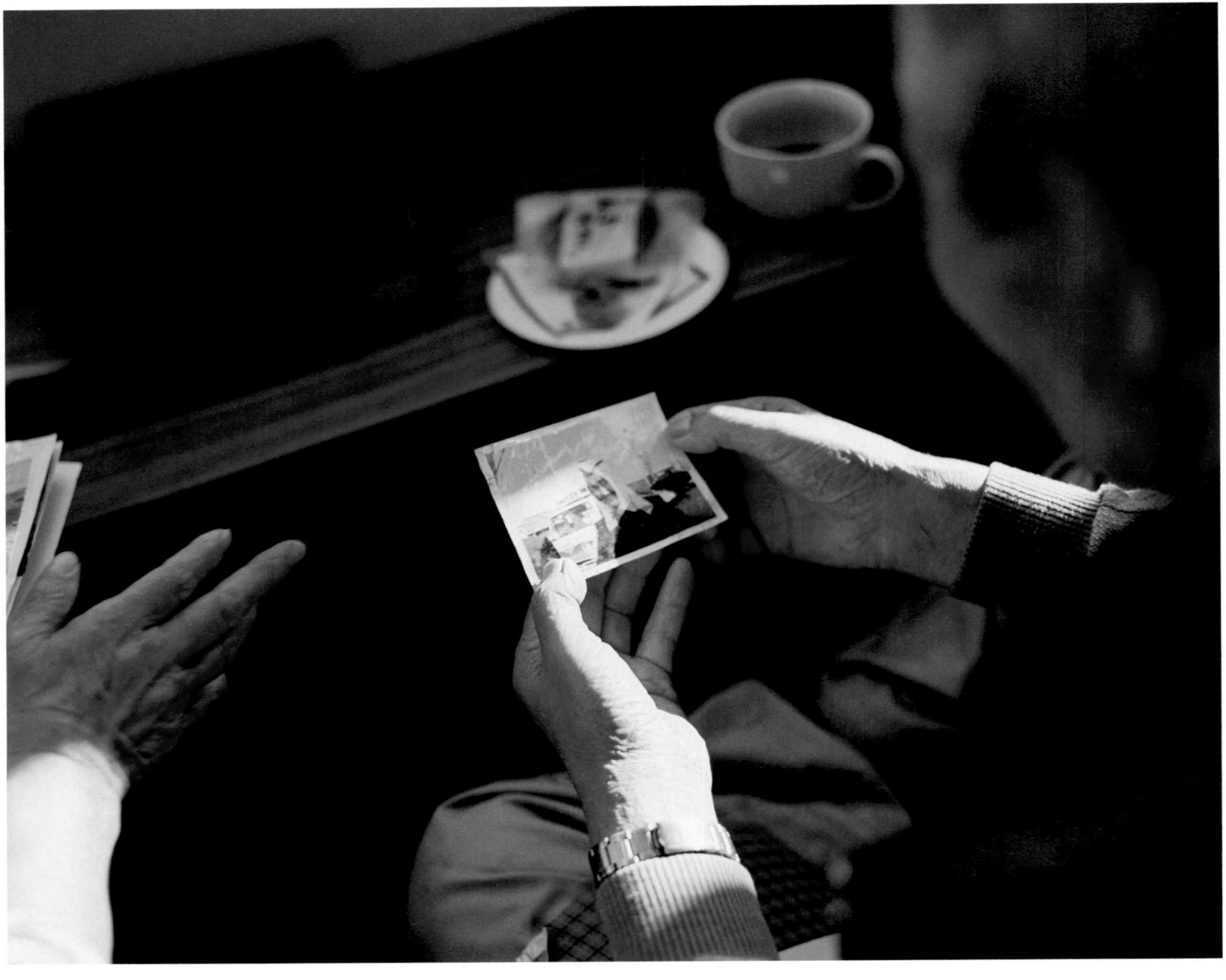

北リアス

A-22

がんばれ！唐桑体育館の仲間達！
大切な思い出たちを持ち主の元へ
禁煙

2011.10.19

笑顔の裏で

宮城県／気仙沼市

今回もまた高井さんに会うべく、気仙沼の唐桑体育館へ。会えるというだけでこれだけワクワクできる人はいないなあと思うほど、高井さんはいつだってポジティブで、とにかく笑顔が素敵です。しかしそんな高井さんが話してくれた内容は、その笑顔とは裏腹にとても深刻なものでした。高井さんの言葉から、写真洗浄の一つのピークだと言われた夏が過ぎ、いよいよ保管場所のことが問題になってきているこことがわかりました。それゆえ、気仙沼でもいよいよ洗浄済み写真のデジタル化作業がスタートしようとしていました。

そもそもここ気仙沼の現場ほど、来る度にやり方や、それにともなう現場のレイアウトが変化していく場所はありませんでした。それは変化というより進化で、まさにそれは、高井さんという人の進化の現れなのだと感じます。

実はこの夏に、僕は大阪で3回目の「アルバムエキスポ」を開催しました。被災地の現状をなんとか伝えなければと、浅田くんとの前回の旅の記録を展覧会として発表することにしたのです。その展示をきっかけに、山元町の溝口くんが、気仙沼の高井さんのもとへやって来てくれたそうです。その話を高井さんから聞いた僕は、「じゃあ今度は高井さんが山元町に行きませんか？　それもいまから」と、提案。すると高井さん、「いいですね。行ってみますか?!」と即答。すごい。まさにこの柔軟さとスピード感こそが、この現場の進化の理由だと、あらためて思うのでした。

住民からこの場所を使いたいという要望もあがってるんです。
それは当然だと僕は思います。ここと同じような場所を
用意してくださいっていうのはすぐには無理だと思うので、
近いうちにここは明け渡すことになると思います。

みなさん数の多さにまずは圧倒されて、
見つからないだろうなあってどこかで思いながら
見始めるんですよね。だけど見つかるんですよ。
その「あった！」っていう感覚は
宝物を見つけたときの感動にすごく近いんです。
実は、見つかった瞬間がすごく大事で。
写真の状態が良いか悪いかは二の次なんです。
こういうふうに展示しておくとその嬉しさがすごくある。
パソコンに入れてしまうと量がわからない。
すごい量だと感じられないのがいい面もあるんですけど……

—— 気仙沼市／高井晋次さん

【か行】

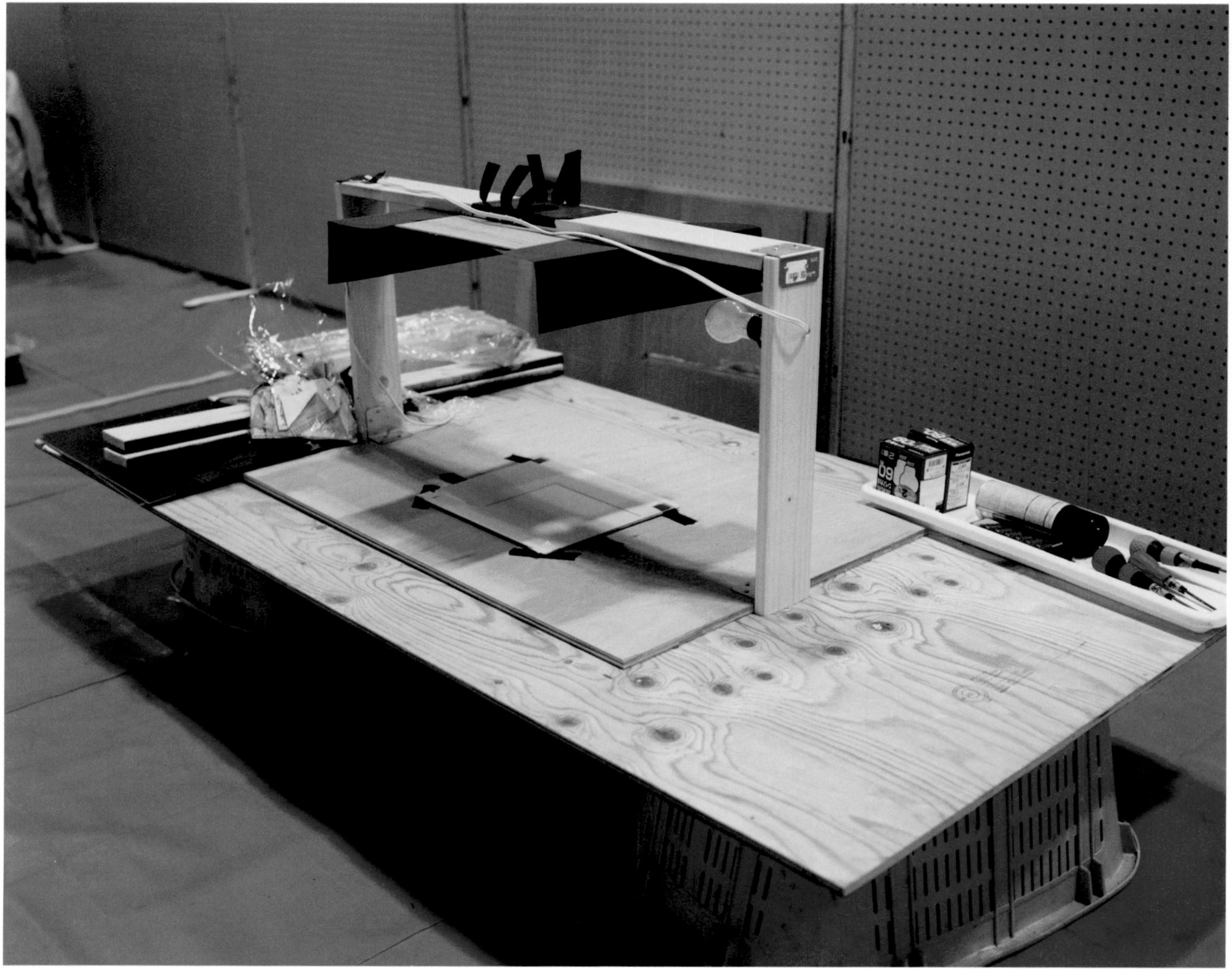

KRA
0236

SONY
FUJIFILM
minolta
8838

がんばれ！唐桑体育館の仲間達！
大切な思い出たちを持ち主の元へ
命名
美智代

2011.10.19

溝口くんに会いに

宮城県／山元町

急きょ僕たちと一緒に宮城県を南下して山元町まで溝口くんに会いにいくことになった高井さんは、車内でデジタル化についての技術的な不安を話してくれました。そういう意味でも、被災写真のデジタル化のパイオニア、溝口くんに会いにいくのはベストタイミングでした。

同じ宮城県とはいえ、気仙沼から山元町までは車で3時間以上かかります。その道中、僕は失礼ながらこんなことを聞いてみました。「毎日毎日、大量の写真を洗うって、正直しんどくないですか?」すると高井さんはこう答えてくれました。「もともとイチゴ農家だったので、イチゴの株を植えるのって、百とか千じゃないんです。何万という単位を黙々と。それが苦じゃなかったから、きっといまの作業も苦じゃないんです」と。イチゴと被災写真のまさかのつながりに、なんだか一つの謎が解けたような気がしました。

そしていよいよ山元町が近づくにつれ、車内は溝口くんの話で持ち切りに。溝口くんが深夜バスに乗る前に、5本くらい牛乳を買い込むという話に、天才の考えていることはわかんないね、と盛り上がる車内。あっという間の3時間でした。

顔認証システム

山元町に到着。溝口くんは高井さんが来たことをとても喜んでくれました。そして早速、新たに取り入れたという顔認証のシステムについて説明してくれます。顔認証システムとは、一枚写真が見つかれば、ある程度の誤差はあるものの、大量の複写データのなかから同じ顔の人物が写る写真を自動で検索してくれるというもの。さらにiPadを使った閲覧のデモを見せてくれたりと、僕ら全員、そのパイオニアぶりにあらためて感動。そして、被災地の思い出救済現場を代表するようなお二人が、目の前で情報交換しあう姿に、僕はとても大きな光を見た気がしました。想定外という言葉で溢れる日々のなか、目の前で着々と現場を前進させるリーダーたちの姿に、この国の未来を感じたのかもしれません。

夕焼けのはかなさ

写真展示場になっている山元町の伝承館の建物を出ると、夕焼けがとてもきれいで、各々が空に向けてシャッターを押していました。刻々と色が変化していく夕焼けのはかなさを前に、必死になって写真を撮るみんなの姿が僕にはとても象徴的に見えて、すべての瞬間は二度と戻らないのだと知るこの人たちだからこそ、数々の写真が救われたのだと思いました。実は前回に続き、今日も深夜バスで京都に戻らなきゃならないという溝口くん。そういえば、どうしてバスに乗る前に牛乳をそんなにたくさん買い込むのかと聞いてみたら、道中で5回休憩があるから5本買うんだと。さらに、ミルクは体温を上げてくれるからよく眠れるんだとのこと。でもそれって、5回も起きてるってことだよね？　という言葉は飲み込みつつ、やっぱり天才のやることはよくわかんないやということで納得。

A0010

被災写真展示公開会
本日は閉館しました
公開時間

2011.10.20

アナログな手法を徹底する

岩手県／大船渡市

前の晩、高井さんとともに気仙沼に戻った僕たちは、そこで初めて気仙沼ホルモンという地元料理を食べ、その後さらに少し北上して岩手県北上市のホテルに宿泊しました。朝6時半にホテルを出発。朝もやがきれいな道を進み、金野聡子さんのいる大船渡市へと移動します。数カ月ぶりの大船渡の現場は相変わらず素晴らしく、気仙沼の高井さんや山元町の溝口くんとはまた違った意味で、金野さんもスペシャルな人でした。これまでの現場で、しきりに話題になっていたデジタル化のことなど、まったく考えず、それでも洗浄を終えた写真の約70%が持主の手元に返っているという現実。この返却率は、他ではあり得ないほど驚異的な数字でした。アナログ的な手法を徹底することが、結果、どこにも真似できない成果を生み出しているということに、僕は一つの真理を見た気がします。この時点で冷凍庫にはまだ12万枚の写真が収められていました。さらに、各地区の小学校単位で思い出の品を保管する場所があり、社協の冷蔵庫にも保管部屋にも入りきらない写真が、まだ30万枚以上残っているとのこと。金野さんたちのプロフェッショナルな思い出救済処置を、あらためてじっくりと見せてもらいながら、僕はこの先まだ何年も続くであろう作業を前に、金野さんの大きな決意と覚悟を感じて心が震えました。僕たちはもうただただ尊敬の気持ちでいっぱいになりながら、陸前高田《りくぜんたかた》へと移動します。

4月から約15万枚の持ち主不明の写真を洗浄しました。
そのうち10万5千枚は返却できました。返却率が高いのは、
社協（社会福祉協議会）の事業というところが大きいと思います。
どこの市町村でも流されたものは行政の管理なのですが、
今回の震災の被災地で唯一、大船渡市だけが社協が市から
写真を借りて、洗浄返却をしてます。
とにかくスタッフが顔と名前を知ってるんですよ。
スタッフ全員地元の方が採用されてますので、写真を洗いながら
「これ、どこそこの誰さんじゃない？」とわかると、
すぐに電話してお届けしに行って。
そのフットワークの軽さと迅速な対応が素晴らしいんです。

―― 大船渡市／金野聡子さん

想い出ハウス
大船渡地区
開示時間 8:30~17:00
ご協力の程よろしくお願い致します。

2011.10.20

富士フイルムさんのこと

岩手県／陸前高田市

大船渡を出た後、陸前高田に入った僕たちは、そこで、いつもお世話になっている富士フイルムの吉《よし》村《むら》英《ひで》紀《き》さんという方と合流。各地の写真洗浄に関する情報交換をします。ここで少し、富士フイルムさんのことについて書いておかねばと思います。

人命救助のために必死に作業を進める自衛隊の方々が、その最中に現れる写真やアルバムを道端に寄せ始めたのは、決して誰かの指示からではありませんでした。SDカードやCD-ROMは踏んでも、アルバムや写真は踏めなかったというのは、まさに人間の本能なのだと思います。自衛隊のみなさんのおかげで、それらのアルバムが各避難所に集められ、それがやがて、その土地土地の体育館などに集められるようになります。しかし、それら大量の思い出たちを前に、このままではいずれゴミになってしまう、と危機感を感じ行動したのは、自らも被災していたみなさんでした。

こんなにもたくさんの写真プリントが海水や泥を被るというのは、これまでなかったことです。そもそも泥のついたプリントを水で洗っても大丈夫なのか？　どう処置するのが正解なのか？　不安に思ったみなさんが最初に頼った先が、富士フイルム株式会社でした。富士フイルムは、当時のことを「私たちがやってきたこと。そして、わかったこと。」というタイトルで自社のwebサイトに公開しています。実はこのサイトの文章を僕がお手伝いさせていただいたご縁から、ここに富士フイルムさんの許可のもと、一部引用させていただきます。

「富士フイルムは、写真とともに成長をしてきた企業です。そんな私たちの製品でもある写真が、泥だらけになってなお、被災者の皆さんの拠り所となっている姿に私たちは、姿勢を正されるような気持ちでした。そして、そんなかけがえのない思い出を守るために、今、富士フイルムが出来ることは？　それについて、社員一人ひとりが考え始めたのは必然でした。

～中略～

3月31日、弊社「お客様コミュニケーションセンター」に一本の電話が入ります。それは弊社の写真洗浄情報が掲載された新聞記事を見た、気仙沼市の高井晋次さんという方からのお電話でした。その内容は「いま大量の写真やアルバムが集まっている。洗浄方法の詳細を教えてほしい」というものでした。詳細をご説明したところ「実際に洗浄してプリントがきれいになりました」との報告をいただきます。そこでさらに何かご要望はありませんか？　と伺ったところ、洗濯バサミや、ポケットアルバムの要望をいただき、早速手配しました。」

ここで記されているとおり、今回の写真洗浄活動を裏で支えていたのは、富士フイルムさんでした。ゆえに僕と浅田くんは、富士フイルムさんと常に情報共有をしながら、この取材を進めていました。

ALL HANDS
ALL HANDS

写真がありましたら
Vegetable friends!

燃やせ海の子閖上魂
名取市立閖上小学校　平成12年度卒業生一同

2011.10.20

それぞれの現場

宮城県／名取市閖上

今回の取材もいよいよ終了。最後に、気になっていた閖上の現場へ立ち寄ってみることに。しかしそこには大量の未洗浄写真が残ったままでした。それぞれの土地で、写真洗浄の取り組みがどういう経緯で始まったか、また、それを支える人たちの考え方や、取り巻く環境がどういう状態かによって、写真洗浄のスピードに明らかな差が出ていました。ここに立ち寄らなければ、各地の現場すべてが、どんどんと作業が進んでいるように思い込んでいたかもしれません。僕は、最後にここに立ち寄って、本当に良かったと思いました。これもまた被災地の現実でした。

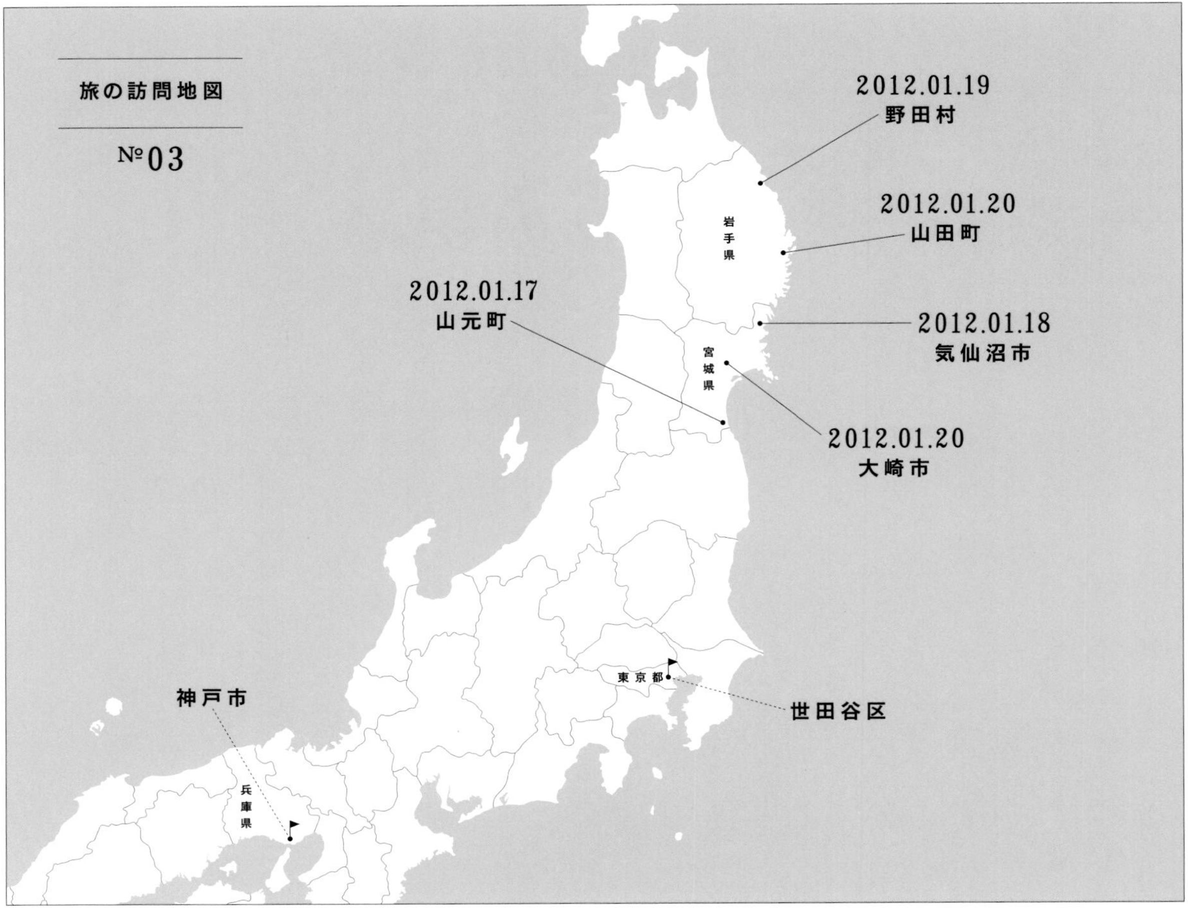

旅の訪問地図
№03
2012.01.19
野田村
2012.01.20
山田町
岩手県
2012.01.17
山元町
2012.01.18
気仙沼市
宮城県
2012.01.20
大崎市
神戸市
東京都
世田谷区
兵庫県

2012.01.17 → 2012.01.20

プリントのチカラ

震災からもうすぐ一年。
あらためて冬の東北の
厳しさを感じる旅のなか、
僕たちはアルバムや写真プリントと
真摯に向き合う、
ある写真屋さんに出会います。

2012.01.17

阪神・淡路大震災から17年

宮城県／山元町

阪神・淡路大震災からちょうど17年が経った日の朝、神戸ナンバーの車を走らせ僕たちが向かったのは、溝口くんのいる山元町の現場でした。浅田くんとの旅もこれで3回目ということで、これまでよりも少し落ち着いた気持ちで訪れた被災地の冬。

いつものように「山元町ふるさと伝承館」に到着した僕たちは、玄関をくぐるなりすぐに溝口くんの姿を見つけました。写真を探しにきた人たち一人一人に声をかけ、和やかに会話する溝口くんは、すっかりこの町の住人のようでした。そんな溝口くんの会話を邪魔しないように気をつけながら、その姿を眺めていると、一人のお母さんが溝口くんに「放射能の数値も計りに来てほしい」と言っているのがわかって、あぁそういう相談もされるのかと、僕はこれまで想像が及ばなかった被災地の日常を垣間見た気がしました。賢くて行動力もある、まるでスーパーマンのような溝口くんですが、このとき僕は、なぜだか初めて、彼もごく普通の若者のはずなのに、と当たり前のことを思いました。

「この町に来たばかりの頃は余震も多かっただろうし、きっと怖かったよね？」なんていまさらな質問をする僕に、「怖かったです」と即答する溝口くん。「はじめのうちはなんとも思わなかったんですけど、すごく大きな余震を体験した後は震度1が来ても怖いなあって。でも、その状態で町の人たちは暮らしてるから、地震に敏感になることとか、わかって良かったです」。

彼のたくましさと柔軟さを感じる言葉に、僕はあらためて尊敬の気持ちでいっぱいになりました。「そもそもここに来たときは、情報発信とか情報検索の技術を、未来とか現在に向けて使おうと思ってやってきたつもりだったんですけど、むしろ過去のほうにニーズがあったんだなと思って」。自分たちが描いた設計図や目的にとらわれてしまうことなく、想定外な現実におおらかに向き合うことからしか、未来は拓けていかないのだと、僕はこの青年に何度も教えられました。

　顔認証システムの導入など、デジタル化のノウハウが日々進化していく山元町の現場ですが、そのポイントは、デジタル化が素晴らしいとか、いや、やっぱりアナログには勝てないとか、そういった白か黒かの話ではなく、デジタルとアナログそれぞれが互いに補完し合う関係にあることにありました。ゆえに、館内には、複写した画像データを検索するためのパソコンだけでなく、大量の洗浄済み写真プリントやアルバムが整然と並べられています。そこで今回初めて気づいたのが、小さなフォトブックが並ぶコーナーでした。L判サイズのプリントが綴じられたそのフォトブックは、洗浄した写真プリントではなく、泥だらけのネガを洗浄して新たにプリントされたものだと言われて、僕はびっくりしてしまいます。

　これまで、洗浄された写真プリントや、それらを複写撮影して出力したものはたくさん見てきましたが、ネガを洗浄して新たにプリントしたものは初めてでした。ネガ一本ごとにそれぞれフォトブックになったそれらの写真は、ネガの強さを証明するかのように、とてもきれいでした。しかも明らかに大変なその作業を、たった一人で、かつ無償でされているのが、宮城県大崎《おおさき》市で写真屋を営む千葉《ちば》英樹《ひでき》さんという方だと聞いた僕は、お会いしてみたい気持ちを抑えられず、早速溝口くんから連絡先を聞いて、この旅のなかでなんとかお会いできるように約束をとりつけました。

卒業アルバム
印刷配布します
小学校の卒業年度＝生年+12（早生まれの方は +11）
中学校の卒業年度＝生年+15（早生まれの方は +14）
やまもと幼稚園
1975年度 ～ 2010年度
（昭和50年度～平成22年度）
山下小学校
1932年度 ～ 2009年度
（昭和7年度 ～平成21年度）
ありません！募集中です 1934年度 1939年度 1942年度～1968年度 1984年度
山下第一小学校
1983年度 ～ 2010年度
（昭和58年度～平成22年度）
ありません！募集中です 1982年度以前
山下第二小学校
1979年度 ～2008年度
（昭和54年度 ～平成20年度）
ありません！募集中です 1983年度 2007年度 2009年度 2010年度
中浜小学校
1966年度 1972年度 1982年度 1984年度
1986年度～1988年度 1990年度～1995年度
1997年度～1999年度
ありません！募集中です 上記以外の年度
坂元小学校
坂元小学校まで 0223-38-0305
直接お問い合せください
山下中学校
1961年度 ～2010年度
（昭和36年度 ～平成22年度）
ありません！募集中です 1976年度 1992年度 2007年度
坂元中学校
1958年度 ～2010年度
（昭和33年度 ～平成22年度）
ありません！募集中です 1964年度 1969年度 1977年度

思い出サルベージ
顔画像認識システム
免許証から
その場で撮影したものから
見つけられた写真から
顔データを
取り込んで
コンピュータで検索
顔画像認識を行うときのお願い
・複数枚の写真、複数の取り込み方法を試してみてください！
（検索用のデータが違うと、検索結果も変わります）
顔画像認識
あなたのお顔から、
同じ顔の写真を
見つけることができます
スタッフに
FUJITSU
@nifty

教えて！サルベージ
1968
S. 43
大判写真

花釜
山下駅
笠野
八重垣神社
細い水路でつながっていて、フナとか釣れる。
山二の辺りの防風林2~3mくらい。キノコがとれた。
河口部の

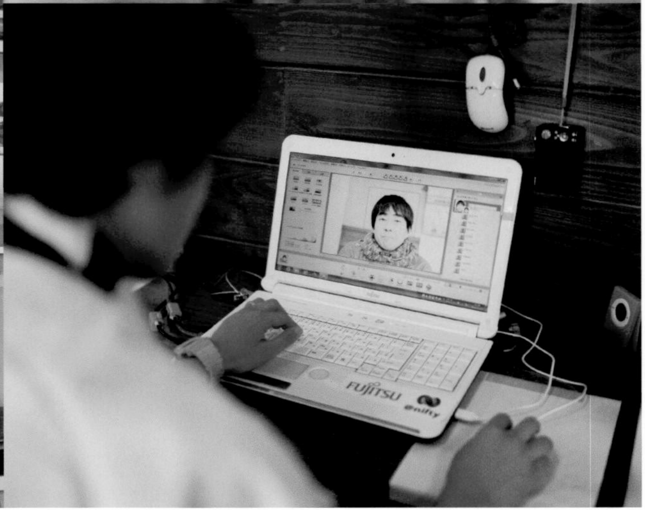
FUJITSU
@nifty

大判写真
真は一生の宝
全日本写真材料商組合連合会
チバフォート
大崎市田尻駅前
℡ 0229-39-0535
東日本大震災により被災された皆様には
心よりお見舞い申し上げます。
この写真は津波に流されたネガを水洗・乾 して
プリントした物です。
ネガが変色、退色し元の色が出ませんが
思い出の1ページとして残して下さい。
ネガプリント写真
この写真は、遺留品のネガを再生
プリントしたものです。1冊が一つの
ネガになります。

C
笠野地区
D
笠新
野浜 町
D
笠新
野浜 町
D
D

2012.01.18

ミーティングに参加

宮城県／気仙沼市

取材2日目は気仙沼からスタート。いつもの唐桑体育館では、高井さんをはじめとするスタッフのみなさんとのミーティングに参加させてもらうことに。この日の議題はズバリ、これから何をしていくべきか？　ということでした。半年以上もの間、写真を洗浄しつづけ、それをアルバムにして返却すべく、展示公開。しかしそれだけではここに足を運ばないと見られないということから、すべてをデータ化する作業も終了。パソコンで閲覧できる状態にまでなりました。さあ、この後どうしましょう？　と。このミーティングは、8時半から9時まで毎朝行われているとのことでした。

「テーマは何でもあり。自己紹介からはじまって、いま何を思っているか？　それはとても個人的なことでよくて、それぞれが頭の中で思ってることを、みんながわかるようにしていくっていうことを大切にしてます。そこで新しいアイデアが生まれるかもしれないので。だから写真のことじゃなくてもいいんです。みんな仕事がないからやってるだけで、もともともってた仕事に戻ってもいいし、もちろん続けてもいいし。実はこの場所自体終わるのがもうすぐなんです。次の場所は月立《つきだて》中学校と言って、もう少し山のところにある狭い廃校です。そこへの引越し準備を始めてるところです。写真は最後まで残すつもりなんですけど、移転する一週間前から箱詰めして、できるだけスムーズに引越しをして、閉館しないようにしようと。その先はわからないですけど、この活動を続けるっていう方向でやっていくのが一つ。ただ、返却するってことにはもっと力を入れていいと思うんです」。

高井さんの話を聞きながら、僕は高井さんの胸のうちにあるかすかな焦りのようなものを感じていました。日本一大量の写真を洗浄し、気仙沼という地域にとどまらず、被災地の思い出救済を引っ張ってきたリーダーとも言える高井さんの覚悟と、いろいろな意味で徐々に思考が追いつきはじめた周囲の人たちとの間に、意識の差があるのは明確でした。

スタッフのみなさんの言葉

せっかくの機会ということで、僕たちも、各地をまわりながら得た情報をみなさんにお伝えするのですが、正直僕はみなさんの言葉を聞くことに必死でした。スタッフのみなさんがどのような思いで、この活動に携わっているか、その記録を兼ねて、いくつかそのときのみなさんの言葉をご紹介したいと思います。

前は遺体安置所のほうに勤務してました。最初のほうは顔がはっきりしてて、
遺族の方が見にこられてもわかったんですが、時が経つにつれて、
いくら遺族でも見せられない状態になってしまって、
なので見つけた状態のときに撮っておいた写真を見せるんです。それでも
「私の旦那だ」とか「私の子どもだ」とか。そう思って泣き崩れる人がけっこういて。
写真って自分のものが見つかって嬉しいっていう場面もあるけど、
こうやって現状を突きつけられるっていう辛い面もあるって
遺体安置所のときはそう思ってました。こっちに来てからもやっぱり
写真に関して辛い面もあれば、喜ばれる面もあって。なので一枚の写真自体、
大したことではなくても、その人の歴史の1ページっていう意味で
大切だなってあらためて思っています。

―― Kさん

自分の子どものアルバムがいまだに出てこないんですね。
デジカメで撮ってたのでそれ自体もダメだし、データのままプリントも
してないから残ってないんです。絶対アルバムに残しといたら、
なんとかこういう形で少しでも残ってたなってすごい後悔してます。
やっとけばよかったなって。撮るだけ撮って、
アルバムにしてない……後悔してます。

―― Oさん

仕事がなくてここに来たのが正直なところで、
洗浄はまだ経験したことがなくて。展示されているのを見ていると、
知ってる方を発見することが多くて、それで見つけた写真をお返しすると、
すごい喜んでくださって抱きしめられることが多くて、
それから写真ってすごいんだと、興味をもちだして。
写真があれば人と人がつながっていくんだということを日々実感しています。

―― Iさん

前職は自営でカフェバーをやっていたんですけど、
もしその職に戻れるのであれば、写真を飾ったりとか、
いままで関わってきた仲間のこととかをみんなに知らせていける場所に
できればとは思っています。具体的に写真のことにつながっていくかは
わからないんですけど、せっかくこの活動で広がった人脈を
大切にしていきたいなと思います。

―― Kさん

続けることがいろんなことを生むようになるんですよ。
誰もやったことがないことなんで。
だから続けることに対してすごく大きなポイントがあって、
変わらなきゃ続けられないんです。
洗うことだけやってたらもう終わってた。
そこから変わって、事業をやって、また変わって、続いてきた。
これからも変わる運命なんですよ。それも自分たちで納得して変わる。
やらされてる感には絶対にならないようにしなきゃいけない。
安定してる所だったら、やらされてる感があっても多少は成り立つけど、
ここに関してはまず安定がない。
すごく不安定な状況なんで、やらされてる感があれば絶対に続かない。
だから当たり前なんだけど、自分で動くとか、より強く意識してほしい。

―― 気仙沼市／高井晋次さん

内勤スタッフ
のこと
仕事、しゅみ、性格
橋本
松下
鈴木
マンガ
カット
シャンプー

明神丸
開栄丸
禁煙
松岩
鹿折

2012.01.19

りんごパン

岩手県／野田村

昨夜は盛岡のホテルに宿泊した僕たちは、早朝にチェックアウトを済ませ、一路野田村へ。盛岡ＩＣから高速道路にのると、左手に朝もやの美しい雪景色が続きます。実はこの旅において恒例となっているのが、岩手山《いわてさん》ＳＡでの朝ごはん。僕も浅田くんも大のお気に入りの、りんごパンで腹ごしらえを済ませ岩手山ＳＡを出発。この日の気温はマイナス３度。

九戸《くのへ》ＩＣを降りて下道へ。少し時間に余裕があるので、久慈川《くじがわ》沿いにある鏡岩《かがみいわ》に立ち寄ります。巨岩を縫うように流れる久慈川は、ところどころが凍っていて、独特の冬景色がとても美しく輝いていました。

11時半、野田村のキャラクター、のんちゃんの巨大看板が出迎えてくれて野田村入り。十府ヶ浦《とふがうら》海岸から野田湾を撮影する浅田くん。

そこで「綿津海《わたつみ》神社」という神社の跡を発見。本殿も何もかもが流されてしまっているなか、「金毘羅山神」と刻まれた石だけが残っているのを見て、僕は思わず「あっ！」と叫んでしまいました。この神社来たことある……。震災以前、おそらく5年くらい前のこと。偶然、野田村の砂まつりに遭遇したあの日、僕は確かにこの神社に立ち寄ってお参りしていました。わかっていたはずの津波被害がいまあらためて自分のなかで実感となって、僕は動揺してしまいました。

野田村の写真洗浄の拠点となっている、ボランティアチーム「チーム北リアス」の事務所に到着。そこでマチコちゃんとかよちゃんとも再会しました。早速、みんなで保管しているアルバムを積み込み、お茶会の会場の集会所へと移動します。今回は急きょ決まったということで、開始直後に集まってくださった方はごくわずか。そこでもっと人を呼ぼうと、浅田くんがマチコちゃんたちと一緒になって仮設住宅をまわります。その結果、最終的に集会所は人でいっぱいになりました。お茶会を何回か続けていると、どうしても決まった人だけが集まってしまいがちなのですが、浅田くんたちの声かけもあって今日初めて来てくれたお父さんが、大きなアルバムを一冊見つけて持って帰ってくれたことに、みんなで大喜びしました。

お茶会終了後、片付けを終えて「チーム北リアス」の事務所へ。今回は、写真班のメンバーの多くが集まったこともあり記念撮影をします。この町でボランティアを始めた浅田くんは、「チーム北リアス」写真班メンバーでもあるということで、今回は僕がシャッターを押させてもらうことに。

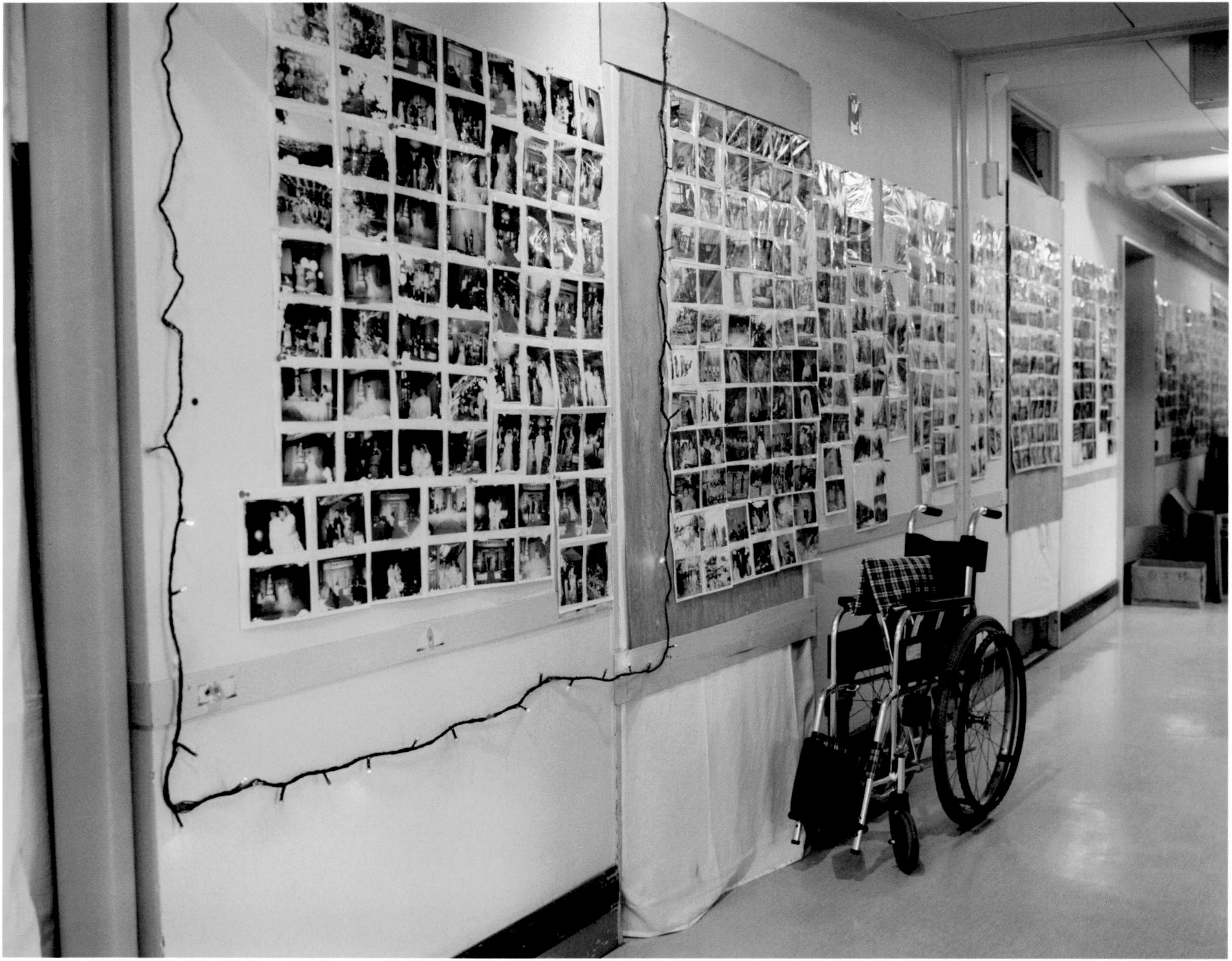

2012.01.20

CAFÉ TANNA

岩手県／山田町

岩手県下閉伊《しもへい》郡山田町《やまだまち》。旧山田病院の3階にあるという、写真展示スペースを訪問。そこを仕切っているのは、岩手県山田町社会福祉協議会の岩浅《いわあさ》大輔《だいすけ》くんという24歳の若者でした。元々福祉関係の仕事をしていたという岩浅くんは、たった一人の写真救済担当として、この町の写真洗浄と展示を進めていました。

写真展示室のほかに、かわいらしいキッズルームがあり、元が病院だったことを忘れてしまうほどに、明るく優しい雰囲気がフロア全体を包んでいます。なかでも「CAFÉ TANNA」と名付けられたカフェスペースには、僕も浅田くんも驚いてしまいました。

「全部手作りなんです。木材は森林組合から提供していただいて。とにかくあったかい感じにしたかったので廃材を集めたりして。みんな素人なんですけど……」「CAFÉ TANNA」の「たんな」とは、おんぶひものことを言うそうです。福祉を真ん中にすえているからこそ見えてくる、写真やアルバムの価値。写真展示、キッズルーム、カフェ、その三つの有りようはとても自然で、僕は山田町の現場に、また一つの未来を見たような気がしました。

せっかくなので岩浅くんのお話をたくさん聞きたかったのですが、実は翌日にイベントを控えているとのことで、ことあるごとに「だいちゃん！　だいちゃん！」と周りの女性スタッフに呼び出される岩浅くん。若きリーダー、だいちゃんがみなさんに愛されていることが伝わってきました。あまりお邪魔にならないよう、次の目的地へ。

山田町社協

くつをぬいで
はいってね

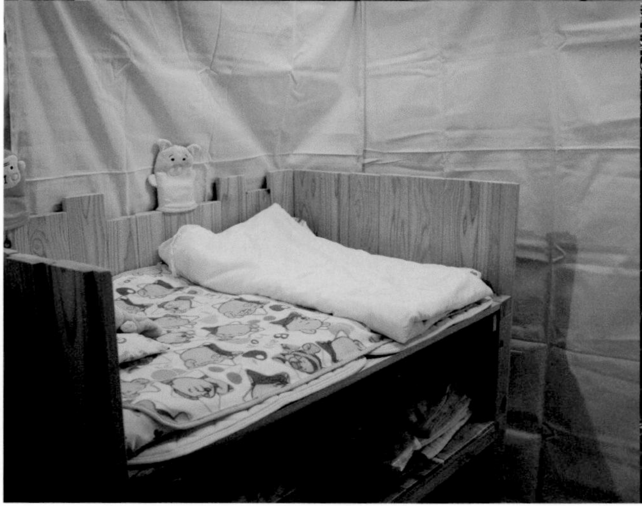

消火器

Café Tanna

アルバムカフェという名前で、
去年の10月末に1回目の写真返却会をして、明日が2回目なんです。
1回目は様子見だったんですけど、来場者が700人〜800人で。
ぱんぱんでした。けっこう持ち帰っていただきましたね。
3万枚くらいですかね。写真の並べ方も全然わからない状況だったので、
そのなかでそれくらい持ち帰っていただけたのがびっくりで。
普段は1日に40人くらい。この1階に店があることもあって、
買い物のついでに寄ってくださったりして。
前回は仮設にだけ周知をしたんですけど、
2回目は仮設以外にも周知をしているので
どれくらい来てくれるかなあと。
今回は被災写真の返却だけではなくて、写真を持ち寄って
アルバムをつくったりもできたらといろいろ準備してるんです。

—— 山田町／岩浅大輔さん

FINTA
FINTA do BRASIL

フジカラー
チバフォート
フジカラー
チバフォート
ご入園・ご入学
全力支援致します!
がんばろう!東北
デジカメプリント
特急
フジカラー

2012.01.20

チバフォート 千葉さん

宮城県／大崎市

山田町を出た僕たちが、今回の旅の締めくくりとして向かった先は、宮城県の大崎市。山元町をはじめ、今回の震災で被災したネガを洗浄し、あらためてプリントするというボランティアを続けていらっしゃる、写真店「チバフォート」の千葉英樹さんにお会いするためです。

一人のおまわりさんが持って来られた泥まみれの「写ルンです」がきっかけで、ほかの場所にも救うべき「写ルンです」やネガがあるはずだと気づいた千葉さんは被災地へ。泥だらけのネガからプリントなんてできませんよと言われながらも、なんとかネガを引き受け、黙々とネガを洗浄してはそれをプリントし、ネガ一本分を一冊のフォトブックに。その作業は見るからに大変で、それはもはや写真屋の意地と言ってもよいくらいのものだと思います。しかしだからこそ僕たちは、そこに写真屋の使命を全うせねばという千葉さんのプライドを見たような気がしました。たくさんお話を聞かせてもらったうえに、行きつけの「ピッコロ」というお店で夜ごはんまでごちそうしてくださる千葉さんは帰りがけに、「この辺りではここが一番安いから」とガソリンスタンドに案内してくださいました。その心づかい一つ一つに千葉さんの優しさを感じるとともに、もはや、お節介力とさえ呼びたいほどのこのバイタリティが、多くの人の思い出を救っているのだと思いました。時間はすでに夜の9時。今回の旅はここまで。浅田くんと僕はいつものように順番に運転を代わりながら、一気に東京へと戻りました。

FUJICOLOR PRINT
FUJICOLOR PRINT

とある警察署のおまわりさんがね、
本部への異動の内示が出たので、石巻にいる同僚のもとへ
挨拶に行って津波に遭ったらしいんです。
車がプカプカ浮いて、あぁ、もうダメかなと思ったら、
偶然ビルの4階に車がひっかかって窓を割って助かった。
車も、そのときは流されてしまったんだけど後から見つかって。
しかも車内には流されず残っていた「写ルンです」があったんですよ。
で、その方が「これ、写真にできますか?」
って私のところへ持ってこられました。

―― 大崎市／「チバフォート」千葉英樹さん

FUJIFILM
FUJICOLOR PRINT
OLOR CD
FP 232B

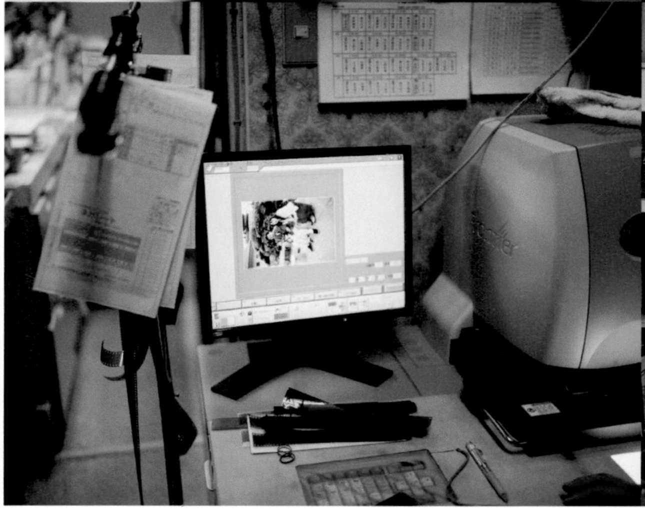

フエルアルバム

おまたせしません

千葉　先日、山元町から老夫婦が訪ねてきてね。「うちにあるのは、あなたが救ってくれたこの写真だけだ」って、山元町で採れたイチゴを持って、中古で買った車で来てくれたんです。お互い、涙を流しながら話をしましてね。

藤本　お礼を伝えに来てくれたんですね。

千葉　そうなんです。それから、還暦のときの同級会の写真が見つかったって電話をくれた方もいました。写真が好きな方で、「60年生きてきて、自分でもいろんな写真を撮ったけど、残ったのはこの一冊だけです」って。その方も泣きながらお話してくれました。

藤本　いままでにフォトブックにされたのは何冊くらいですか？

千葉　いま、うちに残ってるのを入れて860冊くらいです。

藤本　すごい！ 1000冊に届きそう！

千葉　いまから8年前にね、その頃使ってた機械の処理が遅くて、毎日朝早くから夜遅くまで作業していて、こんなことやってたら体壊すと思って新しい機械を買ったんですよ。でも、そのとき周りから「写真屋が厳しいこんな時代に新しい設備投資して、店潰れるぞ」って言われたの（笑）。

藤本　（笑）

千葉　でも本当に買って良かったなって思ってます。なにより、こうしてフォトブックもつくれますから。

藤本　いまも何本か預かってるネガがあるんですか？

千葉　ありますよ。「ボランティアセンター立ち上げたら応援してくれる企業もありますよ」って言われたけど、そんなのね、私の趣味でやってんだからって断ったんですよ。でも、ありがたいことに宮城県写真商業組合からは材料代を援助いただきましてね。実は私、去年の7月に心筋梗塞で倒れちゃって、いまは自分の身体が大事だから朝早くからとか、夜遅くまでやるとかはできないんです。でもね、引き取ったネガがすべて終わるまでは最後までやりつづけますから。

HOW
ME A
SMILE
MICKEY

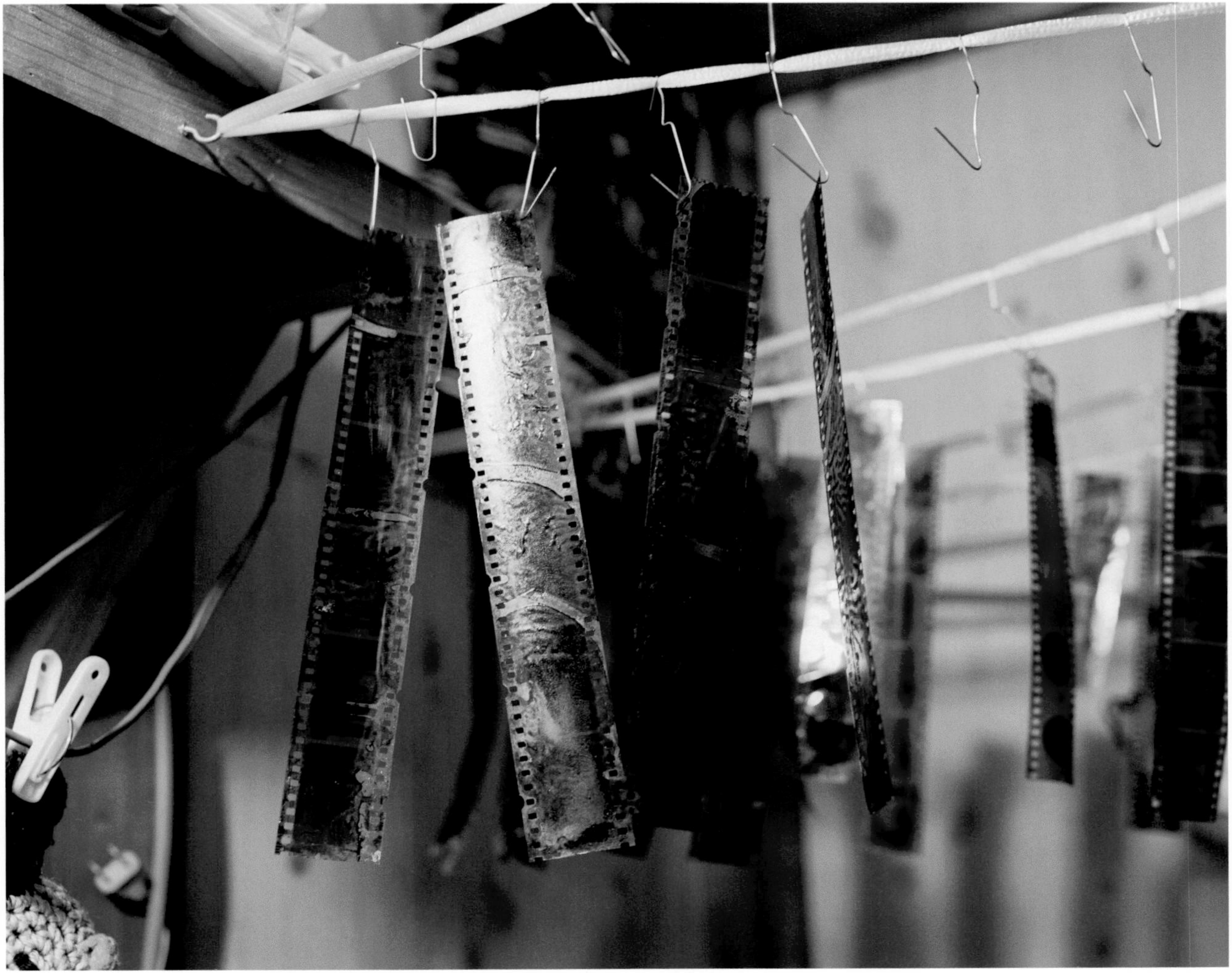

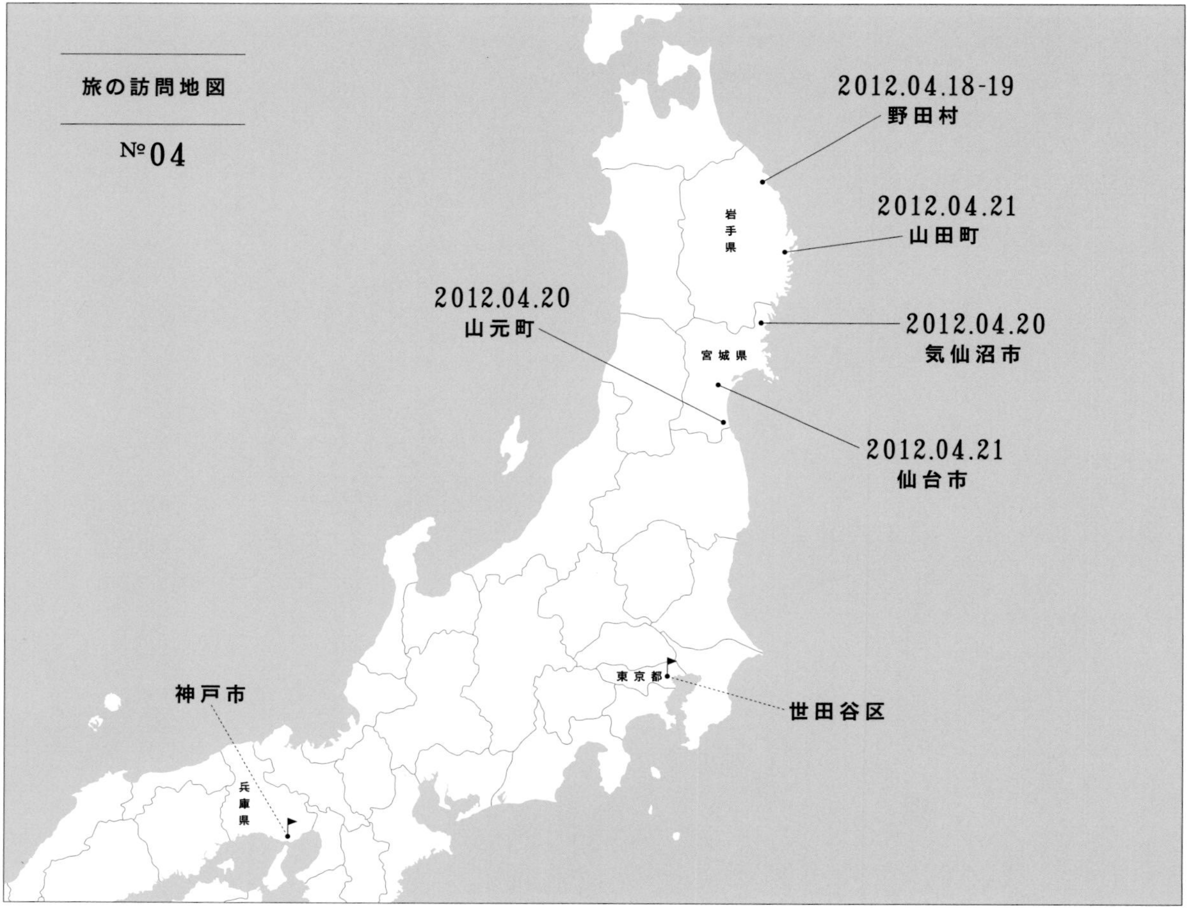

旅の訪問地図
№04
2012.04.18-19
野田村
岩手県
2012.04.21
山田町
2012.04.20
山元町
2012.04.20
気仙沼市
宮城県
2012.04.21
仙台市
東京都
世田谷区
神戸市
兵庫県

2012.04.18 → 2012.04.21
アルバムを救った人たち

震災から一年が過ぎ、
目に見えて状況が変化していきます。
それとともに変化を強いられるリーダーたち。
関わり続ける未来と役目を終える未来。
その狭間で揺れる心。

みんなでささえる国民健康保険

2012. 04.18-19

1200Km

岩手県／野田村

この夏を前に創刊される秋田発のあたらしい雑誌に携わることになった僕と浅田くんは、日中、秋田市内での打合せを終え、東北内から今回の旅をスタートさせます。とはいうものの今回も、旅の資金を節約するべく、神戸―東京―秋田とすでに1200キロの道のりを車で走ってきているので若干疲れ気味。あまり無理をせず、今夜のうちになんとか岩手まで入り、盛岡のホテルで一泊しようということに。

明朝、充分に休息をとった僕たちはホテルを出発。いつものように岩手山SAでりんごパンの朝食を済ませ、野田村へと向かいます。すでに見慣れた感のあるいつもの道を2時間ほど走り、到着した野田村では、すでにマチコちゃんやかよちゃんなどいつものメンバーがいて、なんとなく「ただいま」と言いたいような気持ちになります。早速準備を整え、息つく暇もなく恒例のお茶会がスタートしました。

今回もたくさんの方が写真を探しに来てくださいました。写真が見つかることも嬉しいけれど、このお茶会自体が楽しみだと言ってくれるお母さんたちも多く、「チーム北リアス」のメンバーがこの会を、写真返却会ではなく、お茶会と名付けたわけがよくわかります。今日、もっとも多くの写真が見つかった、「さんちゃん」と呼ばれるおじいさんが、お礼にと僕たちに民謡を歌ってくれました。細く小さな身体を震わせて歌うさんちゃんの姿に、熱いものが込み上げてきた僕たちは、お礼を言いたいのはこちらの方だと思いました。かえがたく幸福なこの時間を経て、僕はようやくまた旅がはじまったような気がしていました。

No. 8
No. 9

2012.04.20

機織り教室

宮城県／山元町

野田村を出たのは夜の7時過ぎ。そこから4時間かけて仙台まで南下し、仙台のホテルで一泊した僕たちは、溝口くんのいる山元町の「山元町ふるさと伝承館」へと向かいました。そもそもこの伝承館は、震災前、町の人たちがさまざまな文化活動を行う施設として機能していました。震災から一年が経ち、以前は「思い出サルベージ」の活動拠点として写真整理などの作業が行われていた部屋で、地元のお母さんたちの機織り教室が復活していました。こうやって伝承館が本来の役割に戻っていくことにあわせ、写真展示及び保管場所はよりスマートに整理されていました。それは決して縮小ということではなく、とても自然でゆるやかな変化で、それはどこか、春のおとずれを教えてくれる小さな息吹のようにも思えるのでした。

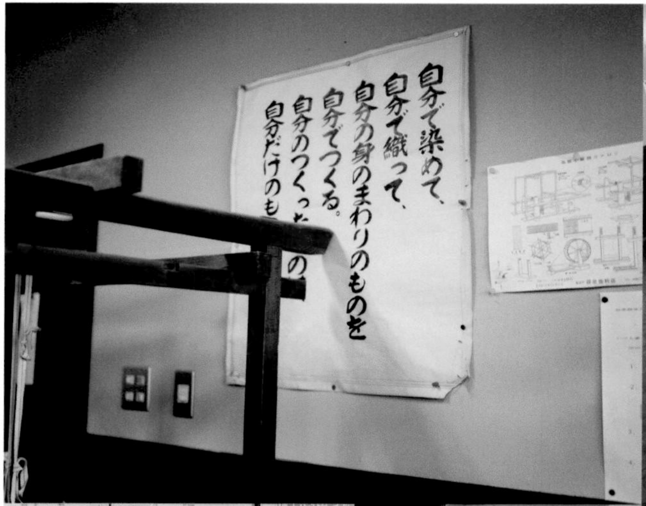
自分で染めて、
自分で織って、
自分の身のまわりのものを
自分でつくる。

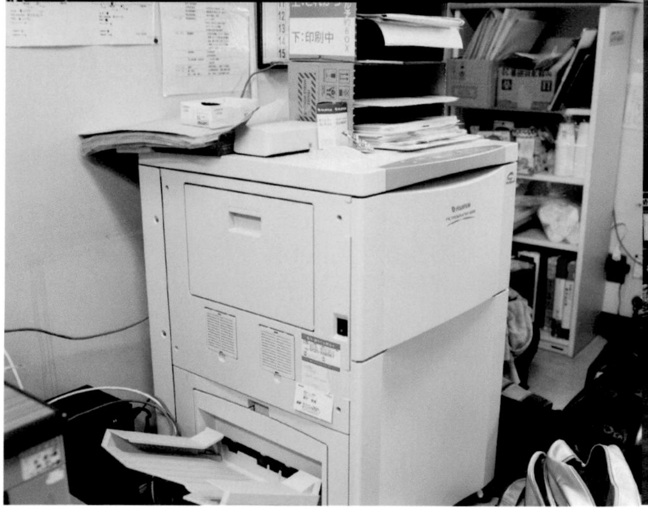
下:印刷中

第78回全国高校野球選手権宮城大会

月立中学校
一般社団法人
気仙沼復興協会
そば打ち
予約受付中
展示中
ツ
キ

高井さんのいない気仙沼

宮城県／気仙沼市

以前は唐桑体育館にあった気仙沼の写真展示室が、旧月立中学校の校舎に引っ越し。その直後、リーダーの高井さんも、奥さんと娘さんがいらっしゃる関西へと引っ越されたそうです。それはとても突然のことで、前回訪れた際に感じた、穏やかな高井さんの微かな苛立ちを思い出します。この現場に高井さんがいないという淋しさと同時に、思い出救済現場の最前線で指揮をとり続けた高井さんの新たなスタートに、僕は少しほっとしたような気持ちも感じていました。震災から一年、大きな山を越えた思い出救済現場の未来も大切だけれど、それ以前に、そこに携わる一人一人が自分自身の未来について向き合い、勇気ある一歩を踏み出すことが大切なのだと、高井さんは身をもって示そうとしたんじゃないか？　僕はそんなふうに思いました。

高井さんに代わって、現場を取り仕切るのは、唐桑体育館の頃からのスタッフ、鈴木《すずき》貴志《たかし》さんと小山《おやま》紀子《のりこ》さんのお二人でした。

月立中学校
予約受付
の品
示中
MEGMILK

17410
17402
17406
Christmas
21095

保健室前
廊下 B
こちら

ヒノ通運サービス
専用駐車場

探しています 持ち主を！
気仙沼
復興協会
思い出は流れない

ここはもともと中学校でした。
とにかくあの量だったので引っ越しが大変でした。
最初から最後までバタバタで。高井さんが辞めたのは3月31日。
辞めるって言われたのはその1週間前ですね。
だから引き継ぎは3日でしました。びっくりはしてますけど、
しょうがないとも思ってます。ただ、心配してるのは、
彼の名前で支援していただいたり、
ボランティアしていただいていた人たちが
不安になってるんじゃないかなって。
いまはなんとか鈴木さんと二人で高井さんの仕事を振り分けて
という感じですね。洗浄もまだまだ新しいのが入ってきてるので、
それもやりつつ。少しずつデジタル化も。

―― 気仙沼市／小山紀子さん

がんばれ！唐桑体育館の仲間
大切な思い出たち

2012.04.21

だいちゃんが好きだった海

岩手県／山田町

だいちゃんこと、岩浅大輔くんに会うべく山田町へ。相変わらずかわいらしい展示室は、ほがらかな空気に満ちていました。だいちゃんの「山田町の観光はされましたか？」の言葉をきっかけに、だいちゃんの運転で山田町を案内してもらうことに。彼が最初に連れてきてくれたのは、だいちゃんの家があった場所。そこは海の真ん前でした。「これが家跡です。家族はみんな避難できたんですけど、友達が亡くなっちゃって。うち、パン屋だったんです」。かつての間取りを示す基礎だけが残ったその場所で、僕たちはどう言葉をかけてよいやらわからず、ただただ、そこにあったであろう美しく豊かな暮らしを想像していました。さらにだいちゃんは、大好きだったという大沢の海にも案内してくれました。

そして最後に彼が案内してくれたのは、津波が町をおそったあの時間に彼がいた場所、山の中腹にある山田道路という道の上でした。そこから一週間も家族と連絡がとれなかったとのこと。その一週間の不安さを思うと胸が締め付けられるようでした。何も言えない僕たちを気づかってくれたのか、「山田町は捕鯨の拠点として栄えた歴史があるので、鯨と海の科学館っていうのがあるんですけど、そこにあったクジラの標本2体のうち、1体は海に帰っていきました（笑）」と、冗談まじりに話してくれるだいちゃん。それでもやっぱり僕は、その気丈さの奥にあるものについて考えずにはいられませんでした。

向こうに見えるのが僕が通ってた高校です。
津波がきたとき、ここにいたんです。たまたまこの近くにいて。
津波のときは車もみんな止まって見てましたね。
仕事で一人でいたんですけど、
そこから家族と一週間くらい連絡もとれなかったです。

—— 山田町／岩浅大輔さん

危険ですので、ステップに上がらないで下さい

2012.04.21

金谷竜真さん

宮城県／仙台市

今回の旅の最後に訪れたのは、仙台市のとある写真洗浄現場。岩沼市から始まりいまは仙台で写真返却活動に関わる金《かな》谷《や》竜《りゅう》真《ま》さんという男性に会うためでした。実のところ僕はずっとこの金谷さんのことが気になっていました。その理由について説明するためにも、まずは今年に入ってからの旅で、感じていたことを少し整理しておこうと思います。

震災からいよいよ一年が経ち、行政的に新年度を迎えたこともあって、それぞれの現場で明らかに状況変化が起こっていました。その一番の理由は、現場でイニシアティブをとっていたリーダーたちが、自分自身の今後を考えはじめたということだと思います。ある種の非常事態から、ほんの少しずつであれ、本来の日常へと生活がシフトしはじめるなか、その狭間に毅然と立ってきたリーダーたちの微かな揺れのようなものを、僕は感じていました。

情熱と勢いが現場を支えていた時期が過ぎ、さまざまな障壁を乗り越えていくために、それなりのロジックとスキルが必要になってきたのは、それぞれの町の行政がある種の指針を立ち上げはじめたからで、それはマニュアルとなり、さまざまな思いの結晶である現場のさじ加減が許されなくなっているようでした。おそらくそこに直面した現場のリーダーたちは、一様に困惑したのだと思います。それは必然といえば必然であるものの、そんな行政の対応に翻弄された一人が、いまから会う金谷竜真さんでした。

　これまで各地の取材を進めていくなか、僕たちはいろいろな場所で、宮城県岩沼市の写真展示のクオリティがとても高かったこと、そしてそれを指揮したのが金谷さんという男性だということを聞いていました。満を持してお会いした金谷さんのお話は、僕が知りたかった現場のリアルに溢れていて、それはきっと各地の思い出救済プロジェクトの現場で起こっていたことなのだろうと想像できました。いまこのタイミングに聞くことができて本当に良かったと思えた金谷さんとのお話の記録を、今回の旅の締めくくりとしてお伝えしたいと思います。

藤本　とにかくいろんな人から岩沼市での写真展示の評判や、金谷さんのことを聞いていたんですけど、ようやくたどり着けました。

金谷　ありがとうございます。

藤本　金谷さんは最初に写真救済を始められたのが岩沼だったと思うんですけど、元々、岩沼のかたなんですか？

金谷　いや、僕は仙台市の人間なんですけど。当時は名取市の閖上小学校の近くにいて、避難所生活を送った後に、現場を見に行って。すると写真がバァーってとにかく散らばってあったんで、そこでもう、これは絶対に返してあげないとって思って。財布とかもあったり、いろんなものが散らばってて、それも大事だと思ったんですけど、写真はもう絶対ね、替えられないものだってそのとき思ったんで。そこから拾おうと思って。拾い始めて。そこからずーっと。そうしたら自衛隊さんとかも拾い始めてくれたんで、あ、こんなことしてくれるんだって思って。

藤本　なるほど。まずは拾うところからなんですね。

金谷　そうですね。だから、そこからずーっとやってるんです。で、とりあえずそれらをまとめて。でも、まとめただけじゃどうしようもないなと思って。まずはミニ看板つくって。「ここに流された写真あります」ってペンで書いて。

藤本　なるほど、なるほど。

金谷　いま思えば、岩沼市のときは、自分が進みすぎちゃった部分がすごくあって。最初はどうきれいに洗ってあげるかから始まるんですけど、僕たちは結構早めにそこが終わっていた部分もあったので、じゃあどう展示するか？　っていう部分にきてて。市の方が現場に来てくれると、そこで一気にいろいろとやりたいことが出てきてしまって。こういうこともしてみたい、ああいうこともしてみたいっていうのを、どんどんどんどん実行して。でもその一方で岩沼市としては個人情報も含め、あんまりおおっぴらにしてほしくないっていうシビアな対応になってしまって。だけど僕たちはもっと入りやすい場所にしたいし、そもそも写真っていいもんだと思っているので、せっかく来てもらったときにゆっくり見てもらいたいし、仮にいまは写真を見るのが辛い方も時間がたてば変化する可能性があるから、っていうので、いろいろ主張したんですけど、市としては、もう充分公開したでしょうっていう考えで。それで去年の6月くらいでもう閉まっちゃう話が出てきちゃってて。

藤本　早い！

金谷　早かったですねー。だから現場はびっくりしてしまって。まだ未洗浄の写真が届いてる目の前で、閉じる話がきたんで。とりあえず少し延ばしてもらったものの、交渉のなかで、じゃあ閉じた後、写真はどうするんですか？　って聞いたら、燃やしちゃうって話も出てきて。でもちゃんとお寺に持っていって、ご供養するのでって言われて、東北の人って優しいので、焼却するのも仕方ないと納得してくれるかもしれないんですけど、でもやっぱり現場でやってる自分たちの意見としては、それは違うんじゃないかなって思ったんです。

藤本　金谷さんたちの動きが早かったし、よその事例もないから、余計に市も個人情報に関して敏感になってしまったんですね。

金谷　そうですね。岩沼もちっちゃい町で、さまざまなことに直面して必死だったと思うので、なかなかこういうことに対してすぐに理解を示してくれなかったんです。それで8月には展示場が閉鎖されちゃったんですけど、写真そのものは市が保管していくことになって。

藤本　で、いまは仙台市の写真を洗浄していると。

金谷　はい。仙台市は仙台市でいろいろ課題もあって。だから岩沼の経験も活かしながら、またここからスタートさせてもらう感じです。どこまでできるかわからないですけど。

　金谷さんにインタビューを終え、外に出ると、隣の空き地の桜がいまにも咲かんとしていて、当たり前にこうやってまた春が来る喜びをしみじみと感じました。春の陽気の充足感に背中を押されながら、東京へと戻る帰り道、僕と浅田くんは互いに、なにか一つの区切りのようなものを感じていました。

雅風

震災復興ボランティア団体
おもいでかえる
がれきの中から拾われた
写真を洗浄しています
http://www.omoide-kaeru.com
問い合わせ先:070-5473-3585
出入口→

宮−再
未洗浄アルバム
宮−再
未洗浄アルバム
宮−再
未洗浄アルバム

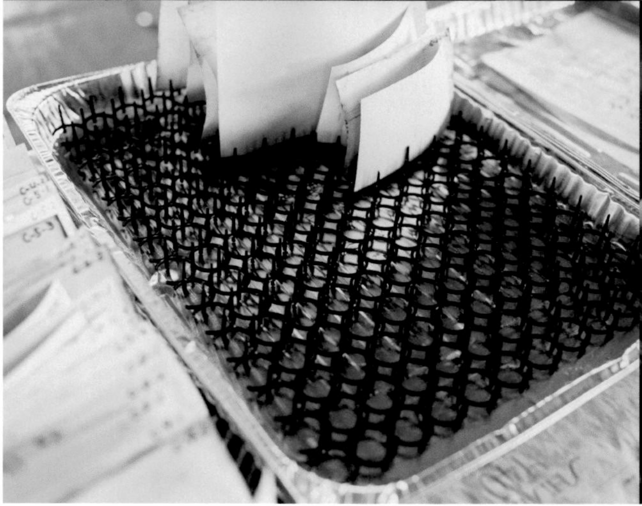

ご出産

いやあ、自分も若かったんですね。
当時は自分がモデルをつくれば、役所の方も
「こんなにやってくれたんだ！」
「こんなこともできるんだ！」って褒めてくれると思ったら
そうじゃなくて逆に、なんで勝手にここまでしちゃったんだ？
って言われて。たとえば救済写真の展示会の名前も、
拾得物展示場って堅い名前だったんで、
おもいで再会ひろばって変えたら、
そういうことに関しても決まりごとがあるからと指摘されたりして。
だからそんななかでどう理解を示してもらうか？ だったり
そういうルールのなかで何ができるか？ ってことを
自分はもっと考えるべきでしたね。

―― 仙台市／金谷竜真さん

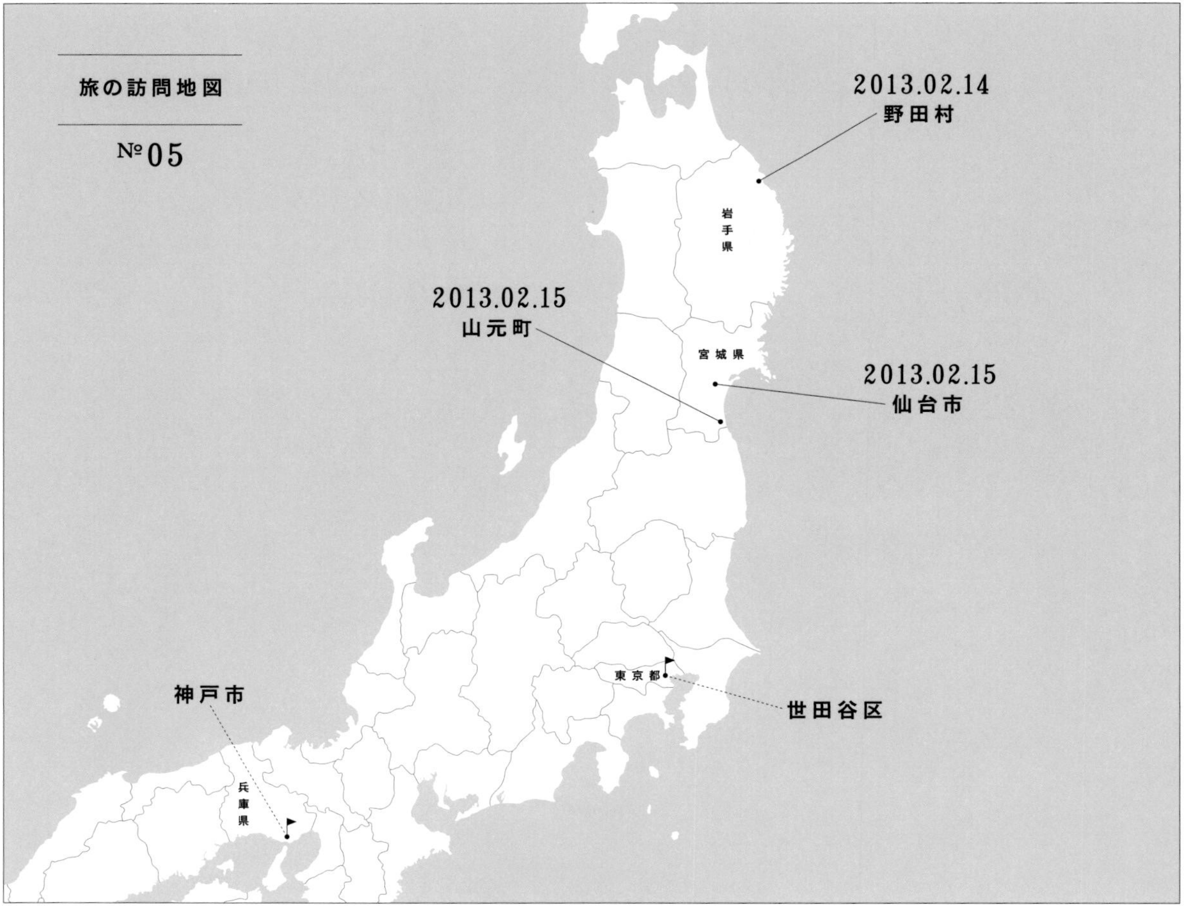
旅の訪問地図
№05
2013.02.14
野田村
岩手県
2013.02.15
山元町
宮城県
2013.02.15
仙台市
東京都
世田谷区
神戸市
兵庫県

2013.02.14→2013.02.15
アルバムが戻ってきた人たち

震災から二年が経とうとする冬の日。
僕たちは、あらためて写真救済活動のおかげで、
大切なアルバムが手許に
戻ってきた人たちに
話を聞いてみることにします。

14

2013.02.14

約一年ぶりの旅

岩手県／野田村

前回の取材に一つの区切りを感じていた僕と浅田くんは、相変わらずそれぞれ東北に足を運んでいたものの、こうやって二人で東北入りするのはほぼ一年ぶり。そんな久しぶりの取材旅のスタートは野田村のお茶会でした。震災から二年が経ったものの、まだまだ未返却の写真は数多く、お茶会を開催すればするほどに、新たな写真が持ち主のもとに返っていきます。このような地道な活動を続けていくことがいかに大切かを思い知らされます。

2013.02.15

写真が見つかった人たちの声

宮城県／仙台市

実は今回再び二人で取材に出ることを決めたのは、各地の思い出救済活動のおかげで、写真が見つかった人たちの声をきいてみたいと思ったからでした。そこで僕は、事前に山元町の溝口くんにお願いして、いまは仙台市に避難されている4人のお母さんたちを紹介してもらいました。お馴染みの溝口くんのほか、集まってくださったのは、山元町の坂元中浜《さかもとなかはま》にお住まいだったという島田《しまだ》さゆりさん、堀切《ほりきり》希代美《きよみ》さん、千尋《ちひろ》きよ江《え》さん、島田美《しまだみ》津子《つこ》さんという仲良しお母さんたちでした。

藤本　みなさん、ご出身は山元町なんですか？

島田（さ）　みんな坂元中学校が避難所だったので、中学校の畑でつくってたお野菜を採ってくるという作業から始まって、2台だけあった石油ストーブと子どもたちが調理実習で使うお鍋を使いながらスープづくりを始めて。マイナスから始まった避難所生活を、ゼロにもっていこうということで活動を始めたのがこのメンバーなんです。そうやって避難所のみなさんのために、ごはんをつくるその合間の時間で、できる限り流された自分の家に行って、自力で写真を拾ってきたりして。そのうち自衛隊さんの支援が始まって、同時にアルバムとか貴重品の回収作業も進んで、山下第二小学校の体育館の中に被災した写真が区域ごとに集められて、そこでいろんなものがでてきてるよという情報をもらって、探しにいったり。

藤本　それはどのくらいの時期ですか？

島田（さ）　4月の末くらいですね。それと同時に、溝口くんがやってくださった洗浄とかも始まっていて、伝承館に行けば見れるようになってるってことで、足を運ぶようになったんです。私は基本的に仙台に住んでたんですけど、職場が山元町だったので、仕事の合間に伝承館に行って探したり、顔見知りの人の写真を見つけると「あったよ！　とりにきて」って連絡したりっていうのを重ねてきました。

堀切　私もさゆちゃんに言われて、じゃあ行ってみなきゃと思ったけど、結局行ける時間もなかなかないし、行ったとしても探せる時間も少ないので大変でした。一枚見つかればラッキーと思って行かないと。あるんじゃないかな？　って期待して探してるから、その時間で見つけられないとショックも大きいんですよね。でも私の場合は、お位牌がたまたま一つだけ見つかったんですよ。最後の最後にお位牌が集まったところだけ見て帰ろうって見てみたら、いつも磨いていたお位牌がポンって。だから何もないけど、ご先祖さまはいるので。

千尋　私は怖くてうちのところまで行けなかったんですけど、うちの2階部分がたまたま中学校を降りたところに流れてきてたんです。そこに行ったらネガが出てきたんです。子どもたちの写真をいっぱい撮ってたんで、それを持ち帰って。あと、いま中学校3年生になる娘がいるんですけど、その子が小学校6年生のときに、それまで卒業アルバムはお金がかかるからってつくってなかったのが、うちの子のときに初めてお金をかけてつくったんですね。それが全部流されて、小学校にも残ってないって聞いてショックで……。それをたまたま見つけたんです。うちのじゃなかったんですけど、すぐ持って帰って。たまたま溝口くんのところで、それをデータにして出力をしてもらえるようなことを聞いたので、人数分お願いしてみんなにお渡ししたら喜んでくれて。

藤本　ちなみに、見つかったネガはどうされてるんですか？

千尋　ネガはうちにそのままあるんですけど、プリントするお金の余裕がないので。

溝口　山元町のネガ現像を全部やってくださった千葉さんって方が大崎市にいて。たぶんやってくれると思います。

千尋　え！　すごい嬉しい。やってもらえるんであれば嬉しいです。洗うのはなかなかできなくて。

藤本　美津子さんはどうですか？

島田（美）　私も最初はたぶん誰かに教えてもらって見に行ったのかな。4月の半ばくらいにみんなで見に行って。最初は見つけても処理されてなくて濡れてたから、家に持って帰ってきて洗ったんです。娘と。砂だらけなので洗って乾かして。できたものはアルバムに貼ってたんですけど、そのままにしてると写真の表面が溶けちゃうんです。上の娘たちが高校のときのアルバムも見つかったんだけど、そのままにしてたらくっついちゃって。だめになっちゃったんです。

藤本　確かに自分ではどうすればいいか、わからないですよね。

島田（さ）　私の場合、5月の連休に娘が帰ってきて「お母さんいまやらないと眠るよこのまま」ってはっぱかけられて。アルバムをごっそり洗ったんです。

溝口　それは良かったです。あの後、急激にアルバムの状況が変わって洗えなくなっていったんで。でも洗浄の仕方ってどこで？

島田（さ）　溝口くんですよ（笑）。

溝口　あ、そうでした？

島田（さ）　ちゃんと手引きがあって。

溝口　あ、つくったときか。良かった。坂元中学校の避難所のときですよね。そうか。そうやっていただけたら講習会やったかいがありました。

島田（さ）　早速しました。溝口くんが種まいてくれたから、ありがたかったです。宝になりました。

溝口　さゆりさんは、40回以上通ってくれて。

藤本　すごい！

島田（さ）　そのときは1日4時間のアルバイトだったんです。往復3時間かけて4時間働くのもどうかなと思って、この生活どうしようかなって考えてたときに、フルで働いてた分を写真を探す時間にあてようって思って。それでとにかく足を運んで、40回も。ここからここまで見た。だけど増えましたって言われて。もともとあったやつと追加のやつ色分けしてもらわないと、最初から見るのほんと大変だから！　って。上から目線で（笑）。

溝口　（笑）

藤本　でもそう言ってくれることが、確実にあの現場の進化につながったんだね。

島田（さ）　本当にすぐしてくれたんです。言った声をすぐ形にしてくれるっていうのが、信頼をより深くするんじゃないかなって。新しく写真が追加された月日とかも書いてくれて。重複して見る手間はなくなったし。出張返却も提案したら「いいですね」って地区のお祭りでやってくれたり。

堀切　伝承館に行けないおじいちゃんおばあちゃんがいたから良かったよね。

藤本　写真を返すことも大事ですけど、みんなに会えるっていうのがいいですよね。

堀切　そう。それに会話がはずむだけで気持ちが違うし。

藤本　みなさん見つかったアルバム持ってきてくださってると聞いたんですが。見せてもらえますか？

堀切　ええ。

　みなさんとのお話は終始笑顔が絶えず、こういう人たちの姿をチカラに溝口くんが「思い出サルベージ」の活動を続けてこられたことがよくわかりました。

adidas

私、もともとたくさん写真を撮っていて、
老後は写真を見て過ごすつもりでいたんです。
おかげさまで、それがこんなに戻ってきました。

── 島田さゆりさん

これ、一番びっくりしたんですけど、
私が小学校のときの卒業アルバムが見つかって。

── 島田美津子さん

伝承館のパソコンで、息子の顔で検索してたら
私の高校の時の写真が出てきたの!

── 堀切希代美さん

いままでのが無いのはしょうがないから、
友達と出かけたら撮ったりとか、家族とか、なるべく撮っています。
震災後に孫が生まれて家族が増えたのもあって。いまは9人で生活してます。

── 千尋きよ江さん

いま やっていること
ライブラリーで
持ち主の大切な思い出を
後に残していくための作業をしています
09:00〜16:30
FUJIFILM

気になっていたこと

そのまま僕たちは溝口くんと一緒に仙台を出発。山元町へ向かいます。その車中、僕は溝口くんに気になっていたことを聞いてみました。

藤本　この先、山元町の伝承館はどうなるの？

溝口　1月から方針を変えて、基本的には、半分資料として残してくことを前提にしましょうという話し合いをしました。もちろん第一は返却のためなんですけど、そのためにも返却目的だけの状態から町の資料としても残していくことに変えて、実際は返却もできる体制を残していくことを基準に考えましょうと。

藤本　残していくために資料っていう名目をつけるってことだね。

溝口　そうです。もちろんもともとは個人の持ち物なので、きちんと管理はしていかないといけないし、どういうものを残していくかとか、課題はあるんですけど、百年後の山元のために、町の記憶を残していきましょうっていうことで提案しています。

藤本　1月に方向性を変えたってことは、それまでは違う方針だったの？

溝口　それまでは、返却が減ってきてるから、行政としては当然、活動の打ち切りを決めたかったんだと思うんです。そこには管理する人もお金も付けないといけませんから、事業を終わらせましょう、と。それを、そうではなくて、資料として残していくために管理を付けましょう、そして管理にかかるコストを震災前のレベルまで下げていきましょうっていう方向に。

藤本　そこに、明確に言葉として百年後の山元町に、っていうのがちゃんとあると。

溝口　そうです。

藤本　すごいね。明文化しているんだ。素晴らしい。どこの町でも、現場の人は残したいんだけど、行政はもういいんじゃないか？ってことになってきてるもんね。そういうなかで、山元町が残すっていう検討をしているっていうのは、ほかの町の活動にいい影響がでるといいね。

溝口　それも意識していて、山元町で資料的に残していくことで良い事例ができたってなれば、ほかのところでも倉庫に眠ってたものが出てくるかもしれないので、頑張りたいところです。

溝口くん、さすがでした。

C11000
C12000
C38000
C39000
C40000
C65000
C14000
C15000
C66000
C21000
C22000
C25000
C26000
C27000
X00000
X01000
X02000
X04000
D06000
D08000
D09000
D10000
D12000
D13000

本日は閉館しました
被災写真展示場は
そちらの入り口から
お入り下さい
被災写真展示公開会場
定礎

アルバムを洗浄頂いている
外注団体一覧
青山学院大学
ボランティアステーション
あらいぐま作戦 in 山口
武蔵小杉写真洗浄
ハートプロジェクト静岡
ハートプロジェクト長崎
山元町
海辺のあらいぐま

2013.02.15

岩佐久男さん

宮城県／山元町

最後に溝口くんが連れてきてくれたのは、山元町にお住まいの岩《いわ》佐《さ》久《ひさ》男《お》さんのお家でした。久男さんもまた、溝口くんたちの活動のおかげで写真がたくさん戻ってきたと言います。

岩佐　写真がないと、自分の生きざまがなくなってしまうわけだから、例えば、自分の子どもや孫たちに、あのじいちゃんは何もないってなるわけだ。記憶だって何年かたてば誰も知らないわけだから。でも写真が残ってれば、記録と記憶に両方残ってるから。

溝口　久男さんが消防署に勤めてたときの写真が見つかったときのこと、僕すごく覚えていて。これで自分の人生取り戻したようなもんだよって言ってたのがすっげえ忘れられなくて。

岩佐　写真がないっていうことはね、ほんとにないんだよ自分が。口で上手いこと言ってもさ、ほんとにあの人そんな仕事してたのってさ。証拠見せろって言われても何もねえんだから。

藤本　そうですよね。

岩佐　地震・津波は誰が起こしたわけじゃないんだ。だけど仮設に入ってるとみんな被害者意識が強くてさ。自分たちで解決しようという努力がほとんどないのね。誰かがやってくれるだろうっていう意識があるから、自分たちでなんとかしなくちゃだめなんだっていうことを言うんだけども、なかなかね、難しいね。いろんな事情があったりさ。いまだに津波を現実のものとして受け止められてない人もいるだろうなと思う。

藤本　そういう人は余計に写真とか見られないですよね。

岩佐　だから私が溝口くんに提案したのは、待ってるだけじゃだめだと。自分から出て行ってやらなければ。だから私が代表してた仮設に来てもらって、第1回の出張サルベージやってもらったんだけども。

溝口　大好評でしたね。

岩佐　これ誰々さんだ！　ってなるわけよ。一人で見てたって、誰々さんの写真あるってなっても戻してしまうから。

溝口　あのとき、一日で二千枚くらい返ったんじゃないかな。

岩佐　私も去年の暮れに伝承館に顔出して写真見てみたら、あ、これ誰々さんのだっていうのがあったのね。だからそれをいかに手元に戻してやっかっていうのが最終的な仕事になるんだと思うけど。あのまま焼却処分とかするのは、やる側にしてみれば非常に心苦しいことだと思う。でもサルベージのプロジェクトも、いずれ撤退する時期が来るわけだから。

溝口　だから、町の人だちだけで残していける仕組みづくりをいまやってるんですよ。僕らがいなくなっても返却できる体制をどうするか。なのでまたタイミングに応じて、アドバイスやお力添えをいただけるとありがたいです。

岩佐　なんにもなくなった時はね、人間ってこんなに強くなれるもんかな。何かを守ろうとすれば言葉づかいだって行動だって制限されるんだけども、なんにも失う物ないと、怖いものはない。失う物が何もないってこんなに強いことなんだって思ったよ。半分、破れかぶれになりながらだけど（笑）。

旅を終えて

その後もそれぞれに被災地へ赴き、活動を続ける僕たちですが、こうやって二人で旅をした記録はここまでです。しかしもちろん、思い出救済活動はいまもなお各地で続けられています。

神戸から東北まで、1200キロ以上の距離を何度も何度も往復するのは、体力的にも精神的にもとても厳しいものでしたが、それでもなお僕たちが東北へ向かったのは、旅の最初にあることに気づいたからでした。被災地で大切に扱われるアルバムたち。それらを目の前にして、気づいたこと。その瞬間僕は、やっぱりそうか……と、悲しい気持ちになりました。それは、避難所や体育館に集められた、あの大量の思い出たちのなかに、最近（ここ10年）の写真がほとんどない、という事実でした。

つまり、救われたアルバムに収められたほとんど全ての写真がフィルムカメラ時代の写真だったということです。際限なく押せるシャッターと無限に保存できるデジタルメディアは、写真をプリントするという大切な文化を遠くに追いやってしまいました。しかし写真を残すということについては、こんなことも言われます。「写真画像としては、インターネット上のストレージサービスに預けた写真データが一番きれいに残っているのではないか?」と。それは確かにそうかもしれません。けれど、その方ご自身が亡くなってしまっては、それら画像データの存在に気づくことすらできませんし、そもそもアルバムのように、自衛隊の方々が気に留めて拾い集めるということにはならなかったはずです。今回の取材中にも幾度となく見かけた、自分以外の友達やご近所さんの写真を持ち帰る姿もプリントがあるからこそでした。

　今回の震災を受けて、あらためて気づくことができた、写真をプリントすることの大切さ。アルバムというモノに残していくことの重要さを、この一冊を通して多くのみなさんに伝えられたら本望です。震災というのは、本当の意味で他人事ではありません。私たちが得たこの確かな気持ちを、未来へと継いでいかなければと、強く強く、強く、強く、思います。

2019.06.29 → 2019.06.30

アルバムのチカラ、再び

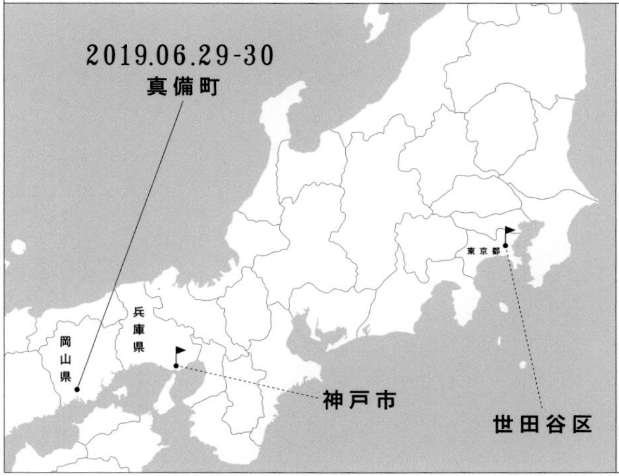

当時の写真洗浄ノウハウは
現在に活かされているのか。
2018年西日本豪雨で
甚大な被害を受けた
岡山県倉敷市真《ま》備《び》町に
向かいます。

倉敷 総社
Kurashiki Soja
真備市街
Central Mabi
486
船穂
Funao
281
281
エヴァホール
まび
TEL.086-697-1000

真備
洗浄
場所
玉島写真洗浄会
ボランティア募集
開催スケジュール
6月 9-16時
真備
洗浄
真備
洗浄
真備
洗浄

２０１９.０６.２９

真備洗浄へ

岡山県
／倉敷市真備町

２０１５年に初版を出版した本書『アルバムのチカラ』は、単なる震災復興の記録ではなく、写真そのものの意義を問う一冊だったように思います。出版から５年、東日本大震災からは８年以上が経ついま、あらためて本書を増刷するにあたり、僕はどうしても追加取材をしたいと思いました。それぞれの地域のみなさんが試行錯誤しながら確立してこられた写真洗浄のノウハウが、現在に活かされているかどうかを知りたかったからです。

そこで東北の再訪も考えたのですが、浅田くんと僕が出した答えは、東北ではなく岡山県の真備町に行くことでした。

２０１８年６月28日から７月８日にかけて、台風７号や梅雨前線などの影響により死者数２５０人を超える被害をもたらした西日本豪雨。なかでも被害が大きかったのが岡山県倉敷市真備町です。町を流れる小田川と支流の末政《すえまさ》川・高馬《たかま》川・真谷《まだに》川などの堤防が決壊したことで広範囲で冠水が起こり、51人もの方がお亡くなりになりました。そんな真備町で写真洗浄活動を行っている「真備洗浄」について教えてくれたのは、東北取材にも何度か同行してくれた、柴留《しばる》美子《みこ》さんというフリーの映像ディレクターでした。

彼女の情報によると、もともと吉祥寺（東京）で写真洗浄活動をしていた福井《ふくい》圭一《けいいち》さん（48歳）という男性が、幼少期より何度も訪れていた倉敷市に活動拠点を移し、仲間と共に写真洗浄活動をしているとのこと。

早速、福井さんにアポイントメントを取った僕は、新神戸駅で浅田くんを拾ってまっすぐ倉敷市真備町へと向かいます。久しぶりの取材、しかも被災現場の取材を前に少し緊張していましたが、元田《もとだ》集会場《しゅうかいじょう》という洗浄現場の前で出迎えてくれた福井さんの笑顔と、その飄々《ひょうひょう》とした姿に、一気に緊張がほぐれます。

どこよりも明るい現場

青と白が印象的な「真備洗浄」の看板が掲げられた玄関をくぐると、所狭しと靴が並び、10名近い方が洗浄作業を続けていました。その現場は、これまでに見たどこの現場よりも明るく和やかな気がしました。

「なるべく明るく楽しい活動場にしていきたいなと思って。それが真備洗浄の特徴かもしれないですね。いまいらっしゃるみなさんは岡山県内に住む常連のボランティアさんが多いんですけど、フェイスブック、ツイッター、LINEで広報をしているので、土日は愛知とか神奈川とか遠方から来られる方もいらっしゃいます。兵庫や広島など近県からも頻繁に。もちろん真備町含め倉敷市内から来る方が一番多いんですが、なにより活動を通して人が集まる場ができたらいいなと思っているので。あと、東日本大震災のときと違って、9割以上の方が自ら写真を持って来られるんです。そこは大きいですね」

福井さんの言葉から、被災地の写真洗浄現場として、本来どうしても拭いきれないはずの重い空気が少ないことの理由がわかりました。東日本のときにみなさんが洗浄されていた写真は、誰かの手で拾われ集められてきた持ち主不明のものばかりでした。しかしここの現場では、9割以上の写真が持ち主ご自身が持って来られたものなのだそうです。

進化する写真洗浄

現場の明るさとともに気になったのが、洗浄済み写真の美しさでした。残された像以外の部分が見事に真っ白で、その仕事の丁寧さに驚きます。

「エタノールで拭いているんです。一通り拭いたら最後にもう一度フチに残っている汚れを拭って仕上げています。以前は一部の写真だけでしたが、真備町に来てからは積極的にやるようになりました。依頼者さんもそうなんですけど、実は作業するほうもきれいで嬉しくて。このひと手間で写真の印象が変わるし、こうすることで写真がアルバムに貼り付いてしまう心配がなくなるのも良くて」

F班
E班
B班
A班
D班

真備洗浄
倉敷市災害
ボランティアセンタ

強炭酸水レモン
アルミ
0123

水分補給・休憩大事!!
12 1 3 4 6 9
15:20
作業終了
15:20~
27.2℃

真備町写真洗浄@あらいぐま岡山
6/29 現在
依頼件数 328 件
返却件数 135 件
残り件数 193 件
真備洗浄

GREEN
DA·KA·RA

What's new for today?
What's new for today?

ADIDAS
1949
3

継続する支援とあたらしい支援

美しく洗浄された写真は全てポケットアルバムに収められ、持ち主に返却されます。アルバムを支援しているのは富士フイルムさんでした。

「富士フイルムさんには本当にたくさんお力添えをいただいてます。僕らだけではなく、この活動全般に渡ってですね。以前、富士フイルムさんを中心に『写真救済サミット』が開かれて、そこで横の繋がりもできました。試行錯誤の連続だった頃から、富士フイルムさんとは一緒に歩んできた実感があります」

富士フイルムの継続的な支援があったからこそ、活動が続けられたという福井さん。アウトプット先も何一つ定まっていなかった僕と浅田くんの取材を支えてくれたのも富士フイルムさんでした。

「あと、Amazonの欲しいものリストを利用したスマートサプライでも支援をいただいています。現地には行けないけど物品を送ることならと遠方の方から届くことも多いですね。必要なものが無駄なく届くのでとてもありがたいんです。岡山には『災害支援ネットワークおかやま』という横の繋がりがあって、いち早くスマートサプライを導入して整えてくれたんです」

こういったインターネットを介した支援がスタンダードになっていることにも、6年の月日を感じます。

現場を支える人たち

この日は、石川県からバスに乗ってやって来たという学生ボランティアさんたちがお手伝いをしていました。こういった学生たちをはじめ全国各地から来られるボランティアさんをケアするべく、現場を奔走する男性がいらっしゃいます。福井さんとともに活動初期から写真洗浄の大切さを伝えていた森田《もりた》靖《やすし》さん（61歳）。

　災害ボランティアとしての経験はもちろん、岡山市でコマーシャルのフォトグラファーをされているという森田さんは、写真そのものに対する造詣が深く、福井さんがとても頼りにしていることがわかります。

　また、遠方からのボランティアさんとも仲良く会話することで、現場の空気を和ませる地元の高校生、河井《かわい》雪歩《ゆきほ》ちゃん（15歳）など、真備洗浄の現場を支える多様な人たちの存在が少しずつ見えてきました。

真備
洗浄

真備
洗浄
真備町
写真洗浄
@あらいぐま岡山
@mabisenjo

2019.4.3

真備
洗浄

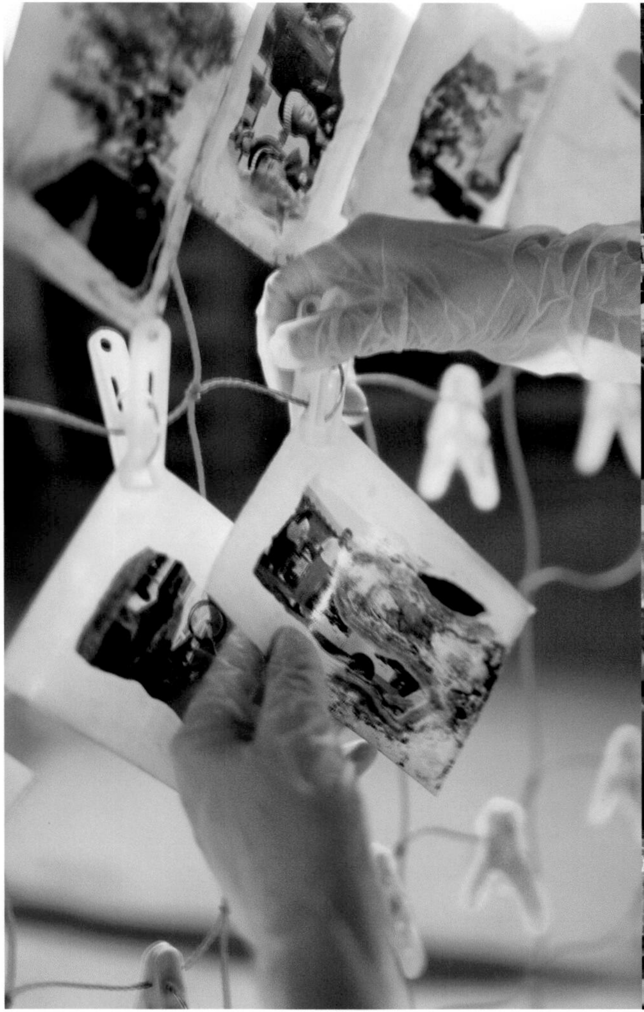

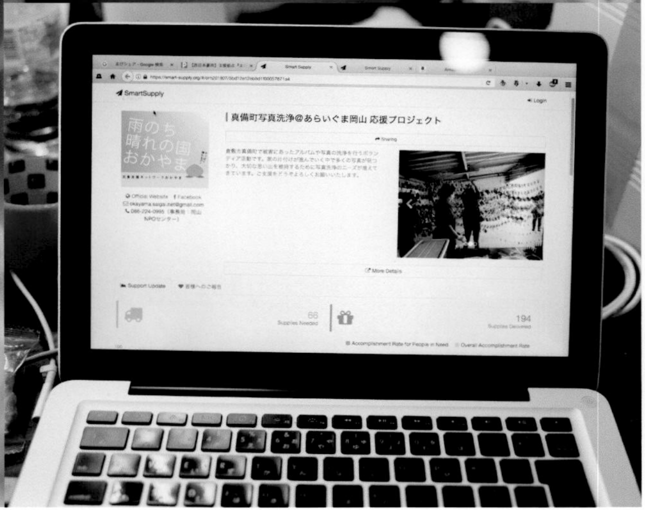
SmartSupply
Login
真備町写真洗浄@あらいぐま岡山 応援プロジェクト
雨のち
晴れの国
おかやま
Sharing
More Details
Support Update
66
Supplies Needed
194
Supplies Delivered
Accomplishment Rate for People in Need
Overall Accomplishment Rate

卒業アルバム

洗浄現場の風景を撮影していると、娘さんの卒業アルバムを預けていたというご夫婦、林久夫さん（75歳）、林みつ子さん（69歳）が、洗浄を終えたアルバムを引き取りに来られました。

福井　カチカチに固まっていたんですけれども、ページを水でふやかして一枚一枚剥がすという形でやらせていただきました。所々やぶけてしまっているところもあるんですが、一応分離ができたのでご確認いただいて。こちらにいる大久保さんがコツコツ作業してくれたんです。

大久保　破れてしまったところもあるんですけど……。

林（久）／林（み）　ありがとうございます。

藤本　ここで写真洗浄をやっているのはどうやって知ったんですか？

林（久）　倉敷市から通知があったんよ。

林（み）　娘が高校か中学かの卒業アルバムを洗浄してもらいたいって言うので私が持って来たんです。娘は嫁に行って出てますから、私ら二人だけなんですけど。

林（久）　結婚式の写真やらは皆捨てたんや。もうええじゃろうって。それが途中から洗浄してもらえるのがわかったけなあ。

林(み)　とっておいてもいけんかなと思って、捨ててしまったんですよ。もったいないことしたなあ。

林(久)　孫の写真も全部なあ。わしらの写真いうたらなんもない。

林(み)　うん、なんもない。

林(久)　うちは2階の上まで水でいっぱいになって、家中わやくちゃだった。じゃけ、写真はもう……ものすごい泥水じゃけ。

藤本　まさか写真がきれいになるとは思わないですもんね。

林(久)　あれだけなっとりゃいけんと思うわ。ぴちっとくっついて剥がすのがなあ……あ、あった！　これが娘！

藤本　良かった！

林(み)　喜ぶわ。ありがとうございます……。

林(久)　泣かんでもよろしい。

林(み)　良かったなあ。

藤本　娘さんもそうですけど、お孫さんにも見せたいですね。

林(み)　そうですね。

林(久)　こがな見れんもんな。あ～これじゃ、これじゃ。

林さんご夫妻が帰られた後、お預りしたアルバムの洗浄作業を担当した大久保《おおくぼ》卓勇《たくお》さん（48歳）がこんなふうに話してくれました。

大久保　持ち主にお返しする現場に立ち会うこと自体は初めてではないんですけど、正直、卒業アルバムであそこまで感謝されると思わなかったので、すごいびっくりしました。お嬢さんの写真が残ってて良かったっておっしゃってましたけど、気をつけながら剥がしていても、どうしても剥がれてしまって、人の像が見られなくなることもあって。なので娘さんの写真じゃなければいいなって思いながら作業してました。だから本当に良かったです。あんなに涙を流してもらって。僕もいい体験をさせてもらいました。

玉島
写真洗浄会

2019.06.30

福井圭一さんインタビュー

岡山県／倉敷市真備町

東北の現場で蓄積されたノウハウは確かに引き継がれていました。またその一方で、環境や被害状況の違いが、現場の空気をあんなにも変化させるのかと驚きました。いったん、倉敷市内のホテルに戻った僕と浅田くんは、翌朝帰る前にいまいちど現場に伺い、福井さんにインタビューします。

藤本　写真洗浄に関わったのは何がきっかけだったんですか?

福井　２０１１年の春に東北へ行ったことです。友人が住んでて何度も訪ねてたので思い入れがあったんです。もともと自転車の旅が好きで、自転車を携えて現地まで行きました。当時は報道も、ネットで言われることも、信じられなくて。情報だけが加速して飛び交って疲れ果ててたので、この身で理解したかったんです。それで最初は岩手県の宮古市まで行って。ボランティアする準備はしてたんですけど、道すがら会った人に、受付が限られてるって聞いて、参加することはなかったです。だからあのときは人助けの意識は低かったと思う。来ちゃいけないタイプですね、本当に。それで、東京まで10日もあれば走って帰れるかなと、走り始めたんです。

藤本　そもそも、お仕事は何をされてたんですか？

福井　グラフィックデザイナーです。当時もいまも。GWだったんで、一通り走って帰ろうと。原発事故もあったのに軽く考えてたなと思います。だけど、10日かけて進んだのは宮古から釜石まで。たったの50キロだったんです。

藤本　それは、道がわるかったから？

福井　いや、内容が濃すぎて。まるで進めませんでした。とにかくいろんな人に話しかけられるんです。「こんにちは」と挨拶をすると「どこから来た？」って言われて「東京です」って答えると、そこから話が始まる。30分とかはしょっちゅうで、長い時は6時間くらい。それだけみんなが特別な状態だったんだと思います。ただの通りすがりとしてそこにいて、ノーマークな人って話しやすいんですよ。自衛隊員さんやお巡りさんまで、みんな声のトーンが上ずって、通常の精神状態ではなかったと思います。僕自身もどうかしてましたね。一人で10日以上あの中にいて、自分を見失ってた。結果たったの50キロ。とにかくあの時間を経て、完全に次元が変わっちゃった。帰ってきても東京は東京でまた異次元で。自分の中でのギャップが凄くて。それで毎週金曜に東北へ行って、月曜日の早朝に帰るみたいなことをずっと繰り返すんです。

藤本　自転車で？

福井　はい。鉄道も寸断して他に交通手段がなかったので一番都合良かったんです。もう毎日パンクしてました。なんであんなことを続けてたのか、僕自身も理解に苦しむんですけど、弔いの気持ちもあったとは思います。人と話すってことにも特別なものを感じていたし。道中で写真も随分拾いました。拾い集めた写真は、近くの玄関前とか路肩にまとめて置いて。暗黙の了解でそうなってたんです。被災写真に遭遇したのはそのときが最初でした。夏までに10回近く通ったんじゃないかな。で、しばらく経った頃に地元の吉祥寺で「りす会+moi　あらいぐま作戦」を知ったんです。

藤本　あらいぐま作戦っていうのは、東京での写真洗浄活動でしたっけ？

福井　はい。古いアパートの一室で写真洗浄をやっていました。ツイッターで知って、こんなのあるんだと思って。しかも家から自転車で10分だった。行ってみたら、現地で見てたような写真がたくさんあって。こんな近くで？って。

藤本　吉祥寺で初めて洗浄の現場を見たんですね。東北ではなく。

福井　そうです。向こうでは洗っているところは見たことがなかった。でも住民の方が写真を探していることは知っていました。気仙沼市役所や大船渡のプレハブ小屋とか、いろんなところに写真を展示する場所があって。みんな探してるんだなって。

藤本　それらは洗浄した後の展示ですもんね。

福井　はい。写真洗浄は知らなかった。それがこんな近所で、こんなすごいことやってるのかって思い、以後、東京にいる間は時間が許す限りやろうと。朝少しと夜仕事が終わってからほぼ毎日行きました。最初の活動は3ヵ月間くらい。女川と陸前高田の写真を。それから場所を変えて活動が続くんですけど、写真は全然なくなりませんでした。続いて練馬区の光が丘に1年くらい通って、その頃もずっと陸前高田の写真に取り組んでいました。そこも場所の都合で閉めることになって、でも写真はまだあった。どうしようか。じゃあ引き取るしかないかと、今度は自分が主催になってやることに。

藤本　それはいつくらいですか？

福井　２０１２年ですね。「課外のあらいぐま」という妙な名前を名乗っていました。「課外」というのは課外活動ということです。臨時のおまけ活動で続けるつもりはなかった。でも結局がっつりやり込むことになりました。陸前高田の写真はそこで２０１４年くらいまで。最初は写真洗浄だけだったんですけど、だんだん全く洗えないような損傷写真ばかりが残って、徐々に補修作業がメインになって、そして持ち主を探すためのデータ化作業が始まりましたね。データだと端末で見られるうえに、複製がつくれて、同時に多くの方が閲覧できるので。遠方にも端末なら持って行くことができるんで、出張返却会も頻繁に開かれてました。持ち主の手掛かり情報もデータベースになって、後半は返却活動をサポートする役割に変化してましたね。で、その頃に再び別のところから10万枚くらいの写真がドンと出てきた。

藤本　うわー。

福井　返却を待っている写真がまだたくさんあったんです。釜石の写真でした。洗浄はされて、その後の返却活動もあったものの、中断して、それが保管されたままだったんです。その返却を再び進めるためにデータ化が必要で。このままだと永遠に日の目を見ないかもって思うと、これはやれってことか……と。

藤本　よく判断されましたね。

福井　やっぱりノウハウの蓄積があったので。陸前高田の件で一緒にやってきたみなさんと集まって相談したんです。それで「やろう！」ということで。そこから2、3年また忙しくなりました。大方データ化が済んだのが２０１６年。

藤本　ようやく。

福井　そうです、ようやくここで僕はやることがなくなったんです。長いトンネルを抜けて茫然として、精神的にもショートしかけ。とにかく活動から距離を置きたかったですね。もう僕らが続けているだけではどうしようもなくて、社会問題として共有されて広がらないと意味がないなと、このときすごく思いました。

藤本　では、写真洗浄から離れていた時期もあるんですね。

福井　それが、その後災害が続いたじゃないですか。特に水害が。なので濡れた写真が出ていることはわかったし、それに対してどうすればいいかもわかっているのに黙ってるのは気持ちがわるくて。ブログに応急処置法を記したり、チラシを配ったり、活動をやるって人がいたら使ってた備品をあげたりしていました。それでも自分が再びやろうというところまではいかなかったんですけど……。西日本豪雨が起きたんです。２０１８年。ちょうど僕の父親が、隣町の倉敷市玉島という地域の出身で、子どもの頃は夏休みになると遊びに来てたんです。いまは玉島

注

に家族はいなくなってしまったけど先祖のお墓があって。墓参りもずっと行けてないし行ってみようかなと思ったんです。墓参りして、その足でチラシ配ってお話を伺ってこようと。やっぱり気になってたし。写真は捨てなくていい、洗えるということは伝えられる。

藤本　それくらいはやれるかくらいで。

福井　そうです。いまのように自分が写真洗浄やるつもりはなかった。それでまた自転車で来て、すでに行動されていた岡山県内の写真館さんに話を聞いたら、活動ブログに書いたことを参考にしてくれていて。状況をお聞きして、こんな備品が使えるとか、こんな方法もあるとか、自分が伝えられることを伝えました。それからボランティアセンターに行くようになったんですけど、当時、倉敷市のボラセンは毎日千人くらい来ていて、ターミナル駅のような状態。最初は誰と話せばいいのかも見当付かないような感じ。いまは写真どころじゃない、そんな雰囲気でしたね。だからこそ自分はなるべく写真のことを言い続けたほうがいいなと。誰も言わなければ処分されてしまうかもしれないと思って。

藤本　その頃、福井さん以外にも写真救済について活動されていた方はいなかったですか?

福井　被災写真への対応をしていたのは写真館さんと、仙台のおもいでかえるさん、山口のあらいぐま作戦さん。とにかく外にいた有志たちですね。ネットで見た方や口コミで知り得た方は、個々で写真を送られてたので依頼が殺到してましたね。あと写真館さんは独自のネットワークで全国の写真館に協力を得ていて、それは本当に素晴らしかったです。だけど地元でちゃんと対応できるようにしないとパンクするかもと。情報を知り得た方は救済できても、そうでない方は、知らぬまま終わるかもしれないし。

藤本　真備町のなかで活動現場があることが大事だと思われたんですね。

福井　そうです。僕の知り得た限りでは、現場レベルでは写真保護や、応急処置の周知ができていなかったというのが実感だったので。後から知ったんですけど、同時期に森田さん（P257）も同じことを訴えておられて、でも僕らの声が届くことは稀でしたね。家財の搬出と共に、多くの方が諦めざるを得ないような状況で写真を処分してしまってました。その現実を目の当たりにして、本当に残念で。それに被災したのは倉敷市だけではなくて、近隣の地域もだったんで、各地に写真の話を伝えに行くようになって。それで笠岡市の民間のボラセンに行ったときに、いつも通りチラシを渡して写真の話をしたら、「ちょうどいいところに来てくれた！」って言うんですよ。それで奥の小屋みたいなところに連れて行かれて、そしたらそこに写真が集まってたんです。

藤本　この写真どうする？ってなってたところに福井さんが来たと。

福井　そうみたいです。しかも偶然ブログを拝見していた写真家さんが集めたもので。意外な繋がりもあるなあと、処置の仕方をお伝えしてたら、「明日ひま？」って。明日からローラー作戦でお宅回りをするから、そこで写真の話をしてほしいって言うんです。そう言われると、もう行くしかないかなと。「泊まる場所は心配いらない！」って、すぐに宿泊場所を確保してくれて。ローラー作戦に同行することになりました。それで結局、写真を預かることになり、たくさん依頼を受けました。預かった以上責任も生じて、そのまま帰れないことに。

藤本　それが現在まで繋がっている。

福井　全然やるつもりはなかったんですけど。

藤本　やるつもりないような、あるような、ですよね。

福井　そうですね。気が付いたらやっていたというか。必要だったらやらなきゃなってくらいで。他にやる人がいて、成り立っていたらやらなかったと思います。

藤本　吉祥寺で写真洗浄されてた頃と、いまの真備町の活動で、何が変わったと思いますか？

福井　より丁寧にやるようになったと思います。最初の頃は基本的に全部水に入れて洗っていました。洗濯槽に入れるみたいにまとめて。真っ白になってしまう写真もありました。

藤本　確かに僕も初めてのとき、不安に思いながら言われるままアルバムに

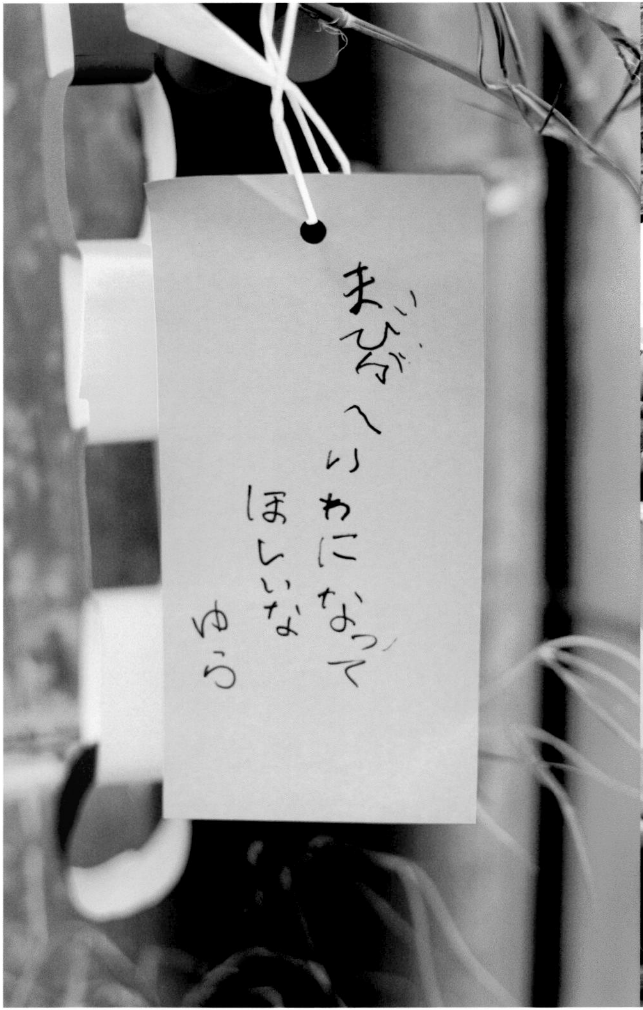
まいびへいわになってほしいな
ゆら

C班

ホースで水かけてました。

福井　それで白くなる写真を見て、これは悲しいぞと水に入れたくない写真を仕分けたり、部分的に洗うようにしたり、ウェットティッシュで拭いてみたり、できるだけ大切な像を守れる方向に試行錯誤しながら進化したと思います。

藤本　昨日も開かなくなった卒業アルバムを前に実験してらっしゃいましたけど、これだけやってもまだトライアンドエラーは続くんですね。

福井　ある程度のやり方が見えたと思っても、ものによって一枚一枚違ってくるんで、定石がないんですよ。あの写真はここまで洗ったけど、この写真は背景の質感を残すように洗わないでおこう、とか。一枚一枚考えるんです。そうやって都度写真と向き合っていくとやっぱりきれいなんですよ。あと、東京の頃に辛かったのは、被災地と支援する僕らとの意識の差ですね。「被災地を思う心」を写真洗浄が一気に背負ってしまったような感じだった。

藤本　被災してない人たちの思いがディープになりすぎてしまう話はよく伺います。

福井　とてもディープでした。持ち主さんが探してる、なんとかしてあげたいって思いがすごく強い。その心が活動を動かすんですけど、ウェイトが大き過ぎて一方通行の可能性もあった。そういう意味では、いまは被災した現場で活動しているので、全て目の前の現実として受け入れてます。例えば「供養写真」というのがあるんですけど。

藤本　供養写真？

福井　救えなかった写真ですね。真っ白なものや、像が何も残っていない写真。東北のときはそれをどうするか現地に委ねてたので基本的に一枚も供養写真を出さなかったんです。いまも全部をきれいにして返却したいという気持ちはあるものの、持ち主が直接持って来られるぶん、意外に「捨ててちゃってください」と言われることが多いこともわかりましたし、救えなかった写真をどうするかについては結構話し合いました。それで結果的に「写真供養」をすることに。

藤本　実際どういうことをするんです

か？

福井　真備町内のお寺さんに相談をして「写真供養会」というものを執り行ったんですけど、町内のお寺から住職さんが8名も集まってくださったんですよ。結果的には処分することに変わりないんですけど、しっかり供養していただいて。でも、実のところこれは、救えなかった写真への洗浄する側の心の問題、という側面もあったと思います。

藤本　そうか。持ち主よりも作業してる人たちの気持ち。

福井　さっきも言いましたけど、持ち主の方には救えなかった写真は処分してくださいと言われることが多いんです。だけど作業しながらほいほい捨てていくようなことはとてもできなかった。でもやっぱり救える写真と救えない写真の線引きが存在するんです。なので、写真供養会は決断の代行であると同時に自分たちの気持ちの決着でもありました。それに、持ち主の方も「良かった」「ありがとう」と言ってくれました。

藤本　みんなで考え抜いて出した答えというのが良かったんですね。

福井　真備洗浄を運営しているのは我々なんですが、実は社協（社会福祉協議会）さんの傘下でやっていて。社協さんからは「手作業を通して広く人が集まって、地域課題に取り組んでいくような場所にしてください」と言われていて、災害支援活動でありながら、地域活動として機能している部分が大きいんです。一時的であれ、人が少なくなってしまった町内にこういう場所ができたことは価値があったと思います。ここは誰でもウェルカムなので、ここに来れば誰かと話ができる。何となく楽しい。そんな感じなので、地域や年齢の壁を飛び越えて風通しの良い場所になってると思います。なかには人付き合いが苦手という方もいますが、そういう方は自分のペースで黙々と作業に没頭することもできる。そういう自由さがあるんです。目的は作業だからいいんです。無理にコミュニケーション取らなくても。

藤本　目的が作業だからいいって目からウロコです。写真洗浄の意義が次の段階にいってますね。社協の方もコミユニティスペースというか、サロンの役割としての写真洗浄っていうふうに捉えているってことですよね。東北の頃は、それを言うことすら気が引けたと思うし。

福井　難しかったですね。支援する側、される側の二極化がまずあって。さらに僕らは距離も離れてましたから、「理解」ということがとても難しかった。支援活動全般の課題かもしれないですけど「可哀想な人を助けましょう」っていう一方通行の視点が僕はあまり好きではないんです。曲がりなりにも、みんなで何とかしていこうって巻き込んでいく活動に惹かれるというか。

藤本　とてもよくわかります。ちなみにこれからの福井さんの活動としては、どう考えてらっしゃいますか？

福井　真備の活動はまだ続きます。やりきらなくてはならない。いま預かっている写真が終わっても、まだ出てくると思うし、収束しても相談があったら応じます。それと、今後またあちこちで水害が起きると思うんです。そのときにしっかり初期対応ができるように伝えていかなきゃと思っています。いま、真備からあちこちに写真洗浄をアウトソーシングしていますが、もしかしたらそこの地域で今後災害が起こるかもしれない。そのときはみなさんで声を上げてほしいなという期待もあるんです。近くの方が声を上げて動けば写真は救えるので。

藤本　しかし福井さん、世界一写真を洗ってますよね。東日本の頃からいままで活動をずっと続けてらっしゃる人って少ないんじゃないですか。

福井　いやあ、いつ止めるかばかり考えてます（笑）。写真洗浄がもっとふつうのことになれば、出番がなくなるかも。それが一番いいです。

写真やアルバムが被災したときは

1 乾かす

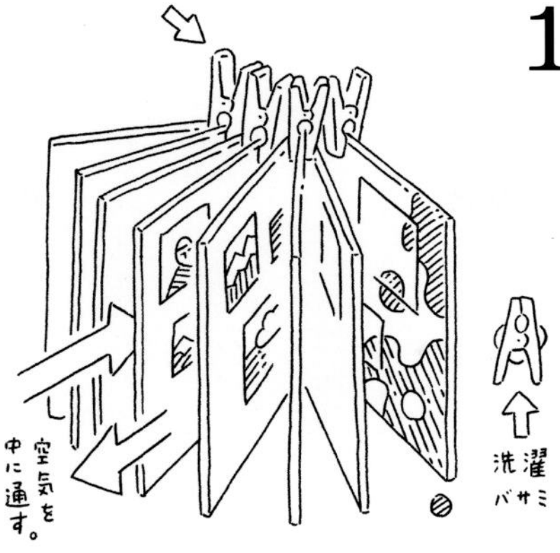

空気を中に通す。
洗濯バサミ

写真アルバムが濡れていると、泥水に含まれるバクテリアにより、写真の表面がどんどん分解されていきます。写真洗浄は後からで大丈夫です。まずは何より乾かすことが大切です。

◉コツ　アルバムを立てて、ページの隙間に空気が入りやすくなるように、洗濯バサミでページを開き乾かしましょう。

2 はがす

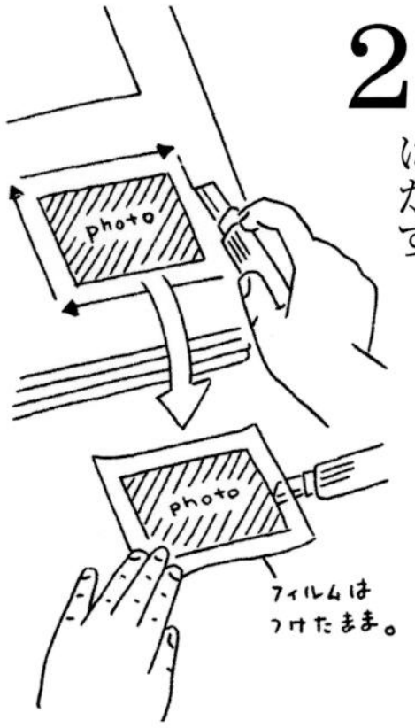

photo
photo
フィルムはつけたまま。

ある程度乾いたらアルバムから写真を取り出します。写真像が取れてしまわないよう、カバーフィルムの上からカッターで写真の四隅に切り目を入れ、カバーフィルムを付けたまま取り出します。カバーフィルムを取るのは洗浄の直前です。またアルバムにはストーリーがあるので、この段階から写真の順番を意識して進めましょう。

◉コツ　写真の裏面に接着剤が残っている場合は、この段階で除去しておきましょう。ナイロンたわしで擦ると簡単に落とすことができます。

3 洗う

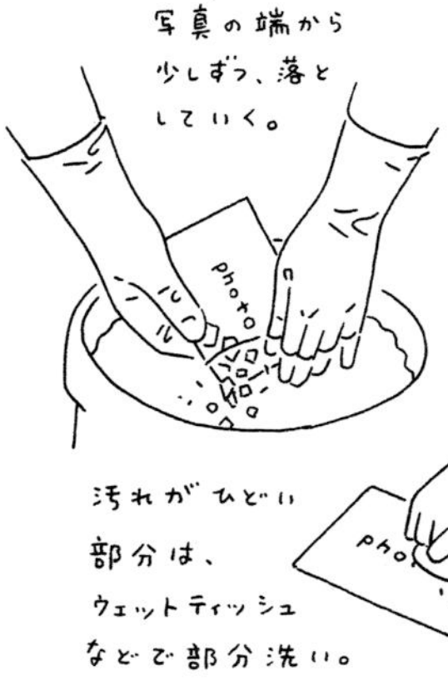

必要なものは、水、バケツ2つ、鳥よけ（洗浄した写真を立てて乾かすためのもの）、タオルなどです。バケツに水を張り、写真を水に浸し、少しずつ汚れを落としていきます。写真の端のほうから少しずつ洗っていきましょう。表面が腐食している場合は像が取れてしまう場合がありますので、慎重に行ってください。像を守りながらゆっくり洗っていきます。ある程度汚れが落ちたらきれいな水ですすぎます。

◉コツ　大切な像が取れてしまいそうなときは、写真全体を水に浸けるのを避けたほうが良いかもしれません。その場合はウェットティッシュでの水拭きで部分的に洗浄していきましょう。

4 干す

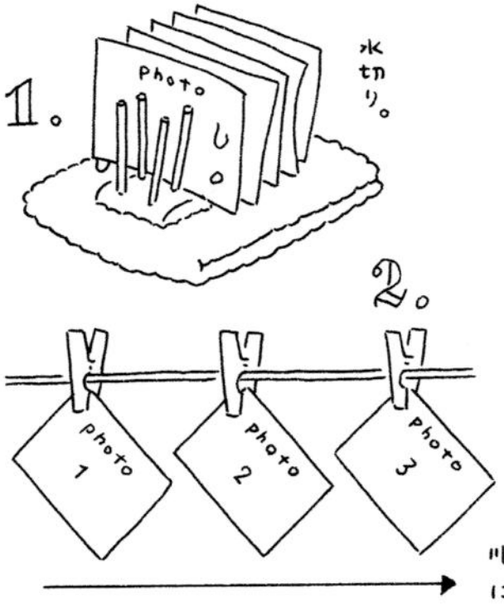

洗浄後の写真を水切りします。「鳥よけ」を使うととても便利です。鳥よけの下には吸水用としてタオルや新聞紙を敷いておきましょう。そうやって水切りができたら、物干しロープや洗濯バサミなどを使って干します。その際洗濯バサミの跡がつかないように、できるだけ端をつまむようにしましょう。

◉コツ　干すときにおきやすいのが写真の混在です。アルバムの最初には必ず「はじめ」の付箋、最後には「おわり」の付箋をつけておくと、アルバムの括りがわかりやすくなります。特に持ち主が混在してしまわないように注意しましょう。

5 仕上げ

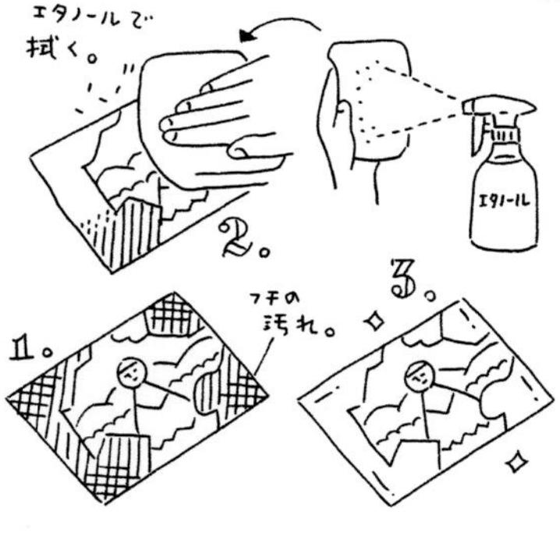

洗浄後の写真は仕上げにエタノール拭きをします。必ずやらなければいけないわけではないですが、水で落としきれなかったフチの部分の汚れを落とすと、写真がよりきれいになります。速乾性の高い無水エタノールなど適量を乾いた布にスプレーし拭いていくとよいでしょう。エタノールは火気厳禁です。使用後のスプレーは必ず密閉ボトルに戻しましょう。

◉コツ　表面のベタベタが取れない写真というのもあります。そのような写真はOPP写真袋に入れて保護します。袋の片辺を切ってL字型に収められるようにすると入れやすくなります。また写真に付属するメモ書きなども入れておくと良いでしょう。

6 アルバム

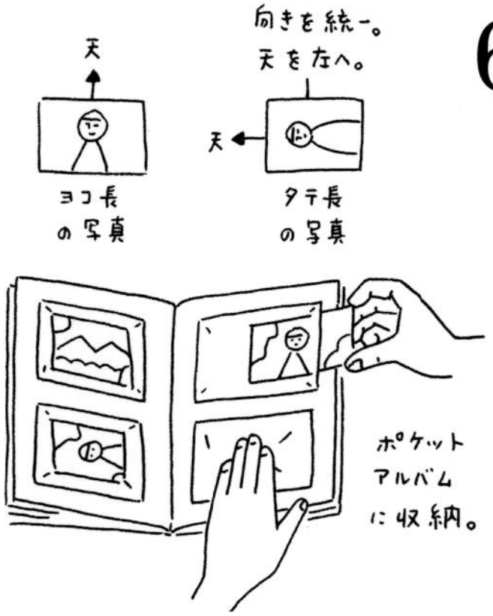

きれいになった写真を再びアルバムに入れる際は写真の天地を揃えましょう。縦向きの写真は右側が地になるように揃えます。なるべく横向きと縦向きが混在しないよう、多少順番を変えながら見やすいように収めていきましょう。

◉コツ　元アルバムから剥がす段階から写真の順番を守って進めますが、作業段階で大きく入れ替わってしまっていないか、ここで確認しましょう。例えば誕生日の写真群に法事の写真が数枚紛れているなど、前後を確認してアルバムに収めていきます。

※協力：真備洗浄／課外のあらいぐま

おわりに

2０１０年秋から２０１１年の１月にかけて、青森県八戸市へ通っていた。

僕の役目は、八戸市に生きる人々のポートレートを29枚撮影し、完成したばかりの八戸市ポータルミュージアムはっちで展示することだった。

「八戸レビュウ」の展示が始まったのが２０１１年２月26日、そして会期終了を目前に控えた３月11日に東日本大震災が発生した。テレビからはついこの間、撮影したばかりの港や名所の蕪島に津波が押し寄せる映像が流れていた。

撮影で被写体になってくださった方々の安否が心配になり、はっちスタッフの渡邊曜平くんに電話をして多分10分ほどだったか……会話をした。

細かく思い出せないが、撮影協力者の面々はみんな無事だったこと、そしてオープンしたばかりのはっちが避難所になっている、という話をしたことを憶えている。それから一カ月後、震災後に初めて八戸市を訪れ、ボランティアを申し出た。

しかし八戸市の被害は少ないほうで、もっと被害が大きい所でボランティアをしたほうが良いという渡邊くんのアドバイスを受けて、撮影で仲良くなった八戸の友達と車で南下し、岩手県野田村へたどり着いた。

野田村へ行くのはこれが初めてで、その日は体育館で物資仕分けのボランティアをした。

全国各地から届いた多種多様な支援物資の中から、必要な方に必要としている物資が書かれた用紙を見ながら集める作業。不慣れなせいもあるが、一日の作業はあっという間に過ぎていった。

作業が終わり帰り道を歩いていると、役場の玄関脇で写真を洗っている若者達の姿が目に飛び込んできた。

吹き抜ける寒い風とともに、写真プリントと泥の混じった独特の匂いが伝わってきて思わず声をかけた。すると、洗浄の人手が全然足りていないとのことだ。

このときは、これまでの僕の経験も少しくらいは役に立てるかもという思いで、次の日から彼らの洗浄作業を手伝わせてもらうことにした。

ボランティアに行った初日に写真洗浄の現場に出会い、作業中の若者と話をしたのが僕の中での始まりだった。

その後、縁あって編集者の藤本智士さんに声をかけてもらい、写真洗浄のボランティアと並行して写真洗浄の現場をまわり取材をすることになった。季節が変わるごとに合計5回、東京から現場まで車での旅。

すべての現場を取材できたわけではないが、高井さんや金野さん、そして溝口くんをはじめとして写真洗浄に携わる多くの人々に出会うことができた。取材やボランティアを通じて、現場の人々から教わることははかりしれないほど多くあった。

こんな時だからこそ写真が必要だ、という信念からはじまり、写真をどのように捉えて扱うのか、たった一枚の写真の持つ価値や尊さ……まさに誠心誠意、写真と向き合いながら作業する人々は、見知らぬ写真の持ち主への愛に溢れていて、その姿はとても眩しく輝いて見えた。

一方で、写真を生業にしながら、現場の人々ほど写真に向き合えていない自分をとても恥ずかしく思った。「写真を撮ることしかできていない自分」に、どこか後ろめたい気持ちがあったのだ。

しかし、時間をかけて現場をまわればまわるほど、そのマイナスな気持ちはいつの間にか僕の中から消え去っていったように思う。取材中、目まぐるしく繰り広げられる作業風景全てを写真に撮る。目の前にいて自分の意志で作業している人の姿を撮りたい。現場を撮った写真が持つ記録性や資料的価値の意識は僕には無く、活動する人への憧れと尊敬にも似た感情が撮る動機の中心になっていった。今、写真を見返しても、その時感じた胸に迫る熱い思いが蘇る。

震災から9年が経過し、Ａｆｔｅｒ３・11と呼ばれるこの期間にも毎年のように自然災害に見舞われた。藤本さんと訪れた岡山県真備町は、２０１８年に起きた西日本豪雨で浸水被害を受けた町だ。「真備洗浄」と描かれた暖簾をくぐると、県内外から集まったボランティアが全員マスクと手袋を付けて作業に取り組んでいた。東日本大震災の被災地域を取材した頃は、全てが手探りで持ち主がわからない写真が大半だった。しかし真備洗浄には、持ち主が判明している写真や持ち主から洗浄の依頼を受けた写真が多く存在した。

　アルバムの中には一見ありふれた日常がたくさん詰まっているが、どの写真も慎重に扱う姿勢は変わらない。「この一枚は誰かにとってはかけがえのない写真だ」という想像がその手を動かしているからであろう。写真洗浄とはそのように人を思う作業であって、福井さんの豊かな経験値がその場に活き、写真洗浄の役割や目標がしっかりと見えている現場からは前向きなエネルギーをひしひしと感じた。

　僕たちが生きていく上で、自然災害を避けては通れない。このあとがきを書く今はＣＯＶＩＤ―19の影響で社会生活が大きく変貌しようとしている。しかし僕はこんな時だからこそ、いつの日か見返すための写真について思いを馳せている。ほんの少しでも被写体のチカラになるような写真を撮り続けたい、それこそが僕にできるすべてなのだと。

　「アルバムのチカラ」を通じて多くの出会いと活動に対するあたたかな支援をいただきました。関わった全ての方々に心から感謝を申し上げます。

浅田政志

藤本智士

Satoshi Fujimoto(1974-)

有限会社りす代表。雑誌『Re:S』編集長を経て、
秋田県発行フリーマガジン『のんびり』、
webマガジン『なんも大学』の編集長に。
自著に『魔法をかける編集』(インプレス)『風と土の秋田』
(リトルモア)『のんびり NONビリ』(オークラ出版)など。
編集・原稿執筆した『るろうにほん 熊本へ』(ワニブックス)
『ニッポンの嵐』(M.Co.)ほか、手がけた書籍多数。

浅田政志

Masashi Asada(1979-)

家族を被写体に架空のシチュエーションを作り込み、
全員で扮装、演技して撮る家族写真で知られる。
2008年写真集『浅田家』(赤々舎)刊行、
2009年、同写真集で第34回木村伊兵衛写真賞受賞。
2010年写真集『NEW LIFE』(赤々舎)、
2014年神田恵介との共著『卒業写真の宿題』(赤々舎)を刊行。
『浅田家』と『アルバムのチカラ』を原案とした映画、
『浅田家!』を全国東宝系にて公開予定。

アルバムのチカラ　増補版
初版発行　2020年9月2日
文/藤本智士　写真/浅田政志
デザイン/寄藤文平+鈴木千佳子+垣内晴
発行人/姫野希美　発行所/株式会社 赤々舎　京都府京都市中京区薩西町584番地 2
TEL 075-746-7949　http://www.akaaka.com　印刷製本/株式会社 オノウエ印刷

ISBN 978-4-86541-100-3　Printed in Japan　